CRAZY CAT LADY BOOK

lucpire éditions

CRAZY CAT LADY BOOK

lucpire
éditions

ODE À LA TENDRESSE.
POUR ANNELIES, LA MEILLEURE SOEUR DU MONDE.
POUR MARBLES, CETTE MERVEILLEUSE PETITE CRÉATURE
QUI EST TOUJOURS À MES CÔTÉS.

AVANT-PROPOS

« WHO RUN THE WORLD ? CRAZY CAT LADIES ! »

« CRAZY CAT LADY » ?

Si vous tenez ce livre entre vos mains, rien ne sert de nier la réalité : vous faites désormais partie du club des « crazy cat ladies », sans doute le groupe le plus puissant au monde ! Autrefois, être traitée de « crazy cat lady » était une injure, mais ne nous laissons pas intimider et réapproprions-nous l'expression. Oui, nous créons des comptes Instagram pour nos chats. Oui, nous nous retrouvons pour siroter un latte macchiato dans les bars à chats. Et oui, nous raffolons des vidéos de chats publiées sur YouTube. Après une longue journée d'école ou de travail, nous aimons plonger dans notre canapé pour y retrouver notre félin préféré. Ouvert à tous – hommes, femmes ou « X » –, ce club réunit tous ceux qui éprouvent un amour inconditionnel pour leur animal de compagnie.

Ce livre n'est pas un « beau livre » : vous pouvez y griffonner, y dessiner et y corner toutes les pages que vous voulez. Ce que vous y apprendrez surtout, c'est à mieux connaître votre chat. J'ai écrit ce livre pour toutes celles qui me ressemblent. Ne vous attendez pas à y trouver des conseils pour soigner votre chat : les vétérinaires sont là pour ça. Aucune théorie compliquée non plus… Il y a bien assez de gourous comme ça. Mon but, c'est de faire en sorte que vous passiez encore plus de temps avec votre cher compagnon et que vous renforciez ainsi le lien qui vous unit.

Vous trouverez dans ce livre toute une série de listes que vous pourrez compléter à votre gré. La relation que j'ai avec mon chat n'est certainement pas la même que celle que vous avez développé avec le vôtre : chaque animal a son propre caractère et son propre « mode d'emploi ». Apprenez à fabriquer de chouettes jeux pour vos chats, amusez-vous à réaliser ensemble des exercices et plongez ainsi dans l'univers fantastique de l'animal le plus mystérieux au monde.

Le monde appartient aux « crazy cat ladies » (et à leurs chats) !

« LE TEMPS PASSÉ AVEC DES CHATS N'EST JAMAIS PERDU. »

SIGMUND FREUD

UN PEU D'HISTOIRE

Les femmes à chats ? Ce ne sont pas ces célibataires qui reportent tout leur amour sur leurs chats et passent tout leur temps libre avec eux ? Elles ont souvent dans la cinquantaine ou, phénomène plus récent, sont en plein développement de leur carrière... Ces femmes sont un peu folles et vivent dans leur bulle. Dans notre culture, c'est souvent avec condescendance que l'on observe les « crazy cat ladies ». D'où viennent ces préjugés ?

Les femmes sont associées aux chats depuis des millénaires. Le chat est un animal mystérieux, imprévisible, parfois venimeux, mais aussi élégant, des traits de caractère qui en ont fait le symbole de la sexualité féminine. Ainsi, la déesse sumérienne Lilitu ainsi que la divinité égyptienne Bastet étaient mi-femme mi-chat. Plus au Nord, la déesse Freyja possédait un char tiré par des chats des forêts norvégiennes. Mais l'image de la « femme à chats » se gâte au Moyen Âge. À cette époque, les sorcières sont condamnées au bûcher et leurs fidèles compagnons à moustache subissent souvent le même sort.

Aujourd'hui, les femmes célibataires qui possèdent des chats ne sont heureusement plus condamnées au bûcher, mais le stéréotype est resté. Quel est le problème avec les femmes à chats ? Elles ne se plient pas aux attentes de la société ? Et pourquoi ces préjugés ne s'appliquent-ils pas aux hommes ? Ils sont pourtant nombreux à être dingue de chats, sans qu'il n'existe pour autant l'équivalent masculin de la « crazy cat lady ». Heureusement, le vent semble désormais souffler dans le sens contraire : le chat est devenu l'un des sujets les plus populaires sur Internet. Qu'elles soient célibataires ou pas, partout les femmes font leur « coming-out » et proclament fièrement leur appartenance au club des « crazy cat ladies ». Quant aux hommes, ils se rallient massivement au mouvement. Les bars à chats poussent comme ces champignons et Instagram est devenu un véritable paradis pour chats. Être une femme à chats, ce n'est plus une injure, tant les « crazy cat ladies » ont su entraîner avec elles ce nombre sans cesse grandissant de personnes qui éprouvent un amour inconditionnel pour leur compagnon à quatre pattes. Mais il y a encore du travail à accomplir, d'où l'utilité de ce livre.

L'ÉQUIPE DE CHOC

Moi, « crazy cat lady » répondant au nom de ______________________ ,

je promets solennellement de veiller sur ______________________

pour le meilleur et pour le pire.

COLLEZ ICI LA PLUS BELLE PHOTO
DE VOUS ET DE VOTRE/VOS CHAT(S).

Signature :

PLUS JAMAIS MALADE !

Si vous n'êtes pas allergique aux animaux, avoir un chat vous procurera autant de bienfaits que votre abonnement à la salle de sports que vous n'utilisez jamais, que votre addiction aux avocats qui vous coûte un bras et que votre sacro-saint principe du « deux litres d'eau par jour ». Et la science est de notre côté, chères « crazy cat ladies » ! Voici quelques preuves des actions bénéfiques que peut avoir un chat sur la santé :

- Les chats réduisent le risque de maladies coronariennes et circulatoires ♥ Une étude menée par l'Université du Minnesota a montré que les propriétaires de chats avaient 30 % en moins de risque de subir une crise cardiaque que les personnes qui n'en avaient pas.
- Les chats chassent le stress ♥ Après une mauvaise journée au travail ou à l'école, il n'y a rien de mieux que de rentrer à la maison en jetant ses affaires pour courir retrouver son félin préféré et lui faire des caresses prolongées. Ses ronrons satisfaits vous feront bien vite oublier ce camarade de classe ennuyant ou ce patron à l'égo surdimensionné. Le ronronnement a un effet apaisant sur les personnes qui souffrent d'hypertension. Caresser son chat aide à retrouver la « zen attitude ».
- Les vidéos de chats et leurs bienfaits ♥ Une étude de l'Université de Bloomington a prouvé que même regarder des vidéos de chat – donc sans posséder de « vrais » chats – aidait à améliorer son état d'esprit. Une étude menée auprès de 7 000 personnes a quant à elle démontré que la plupart d'entre elles étaient de meilleure humeur après avoir regardé des chats faire les pitres sur Internet.

« LÂCHE UN PEU CE LIVRE
ET CARESSE-MOI. »

« Lorsque vous vous
sentez mal, tournez-vous
vers vos chats ;
vous vous sentirez mieux,
car ils savent
que tout est comme
cela devrait être. »

Charles Bukowski

MON CHAT & MOI

Une amitié prend réellement toute sa portée quand chacun des deux amis a écrit dans le carnet d'amitié de l'autre. J'aimerais remettre cette vieille tradition à l'honneur et qui de mieux que votre chat pour commencer ?

COLLEZ UNE PHOTO DE VOTRE CHAT

Nom : ______________________________

Surnom(s) : ______________________________

Je suis né le ______________________ à ____________________________________

J'ai maintenant ____________________ ans et ____________________ mois.

Ma maman est ____

Mon papa est ____

Mon maître s'appelle ____

Signe astrologique : ____

Taille : ____

Poids : ____

Couleur des yeux : ____

Mon repas favori : ____

Mes endroits préférés pour faire la sieste : ______________________________

Mes jeux préférés : ____

Je m'énerve quand ____

Tu me fais plaisir avec ____

Si je ne pouvais emporter qu'une chose sur une île déserte,
ça serait ___

Plus tard, je veux devenir ___

Je te souhaite : ___

Ce que je préfère chez toi :

___

Signature (empreinte de patte)

LE DIY DES PARESSEUSES

Un peu plus loin dans ce livre, vous trouverez quelques conseils afin de fabriquer vous-même des jeux pour chats. Tout le monde n'a cependant pas toujours l'envie ou le temps de jouer les bricoleuses. Aucun problème ! Grâce à de simples objets, même si vous êtes parfois du genre à rester plan plan dans le canapé, vous transformerez comme par magie votre salon en véritable plaine de jeux à découvrir à volonté avec vos amis à quatre pattes préférés.

1 Une boîte en carton ♥ Un classique, qui n'en est pas pour autant moins efficace et qui vous permet en outre de justifier votre addiction au shopping en ligne. Chaque nouvelle boîte Zalando vide est une nouvelle aventure palpitante pour Marbles.

2 Un élastique à cheveux ♥ Pour le moment, je n'achète plus de jeux onéreux pour chats, car Marbles leur tourne le dos. Par contre, un simple élastique à cheveux démodé fait mouche à tous les coups.

3 Une mouche ou une mite ♥ Bon, okay, ce ne sont pas des objets, mais j'ai une sainte horreur des insectes et Marbles peut ainsi assouvir ses instincts de chasseur. Pendant l'été, je laisse parfois exprès la fenêtre ouverte afin que des mouches puissent s'infiltrer. Attraper une mite permet d'obtenir des points bonus !

4 Une paille ♥ Nombreux sont les chats qui perdent la tête lorsqu'ils repèrent une paille. Quand il en voit une, Marbles réagit comme moi lorsque j'entends les Spice Girls en soirée... ☺

5 Une boulette en papier alu ♥ Simple comme bonjour : roulez une feuille d'aluminium en boule, jetez-la sur le sol et observez comment votre chat de salon se transforme subitement en Roi lion !

6 Un aquarium ♥ Évidemment, choisissez un modèle fermé afin d'éviter toutes victimes non désirées. Les poissons rouges n'ont

BAH.
NON, MERCI.
AUCUN INTÉRÊT.
JE LE VEUX !!!

qu'une mémoire de trois secondes, vous n'en ferez donc pas des grands traumatisés. Vous préférez ne pas avoir de vrais poissons ? Il existe des robots-poissons qui fonctionnent sur piles et que votre chat pourra attaquer à sa guise.

7 Un bouchon de bouteille ♥ Vous ne connaissez pas la célèbre discipline olympique qu'est le « football félin » ? Jetez un bouchon par terre et ce sport n'aura bientôt plus de secret pour vous…

8

9

10

JENNY, LA MASCOTTE DU TITANIC

Se pourrait-il qu'un chat ait prédit le naufrage du Titanic ? Si l'on en croit les livres de bord, il y avait au moins un chat à l'intérieur du paquebot : Jenny, chasseuse de souris professionnelle et mascotte de ce mastodonte réputé pour être « insubmersible ». Une semaine avant le départ, Jenny avait accouché de quatre petites boules de poils qui devaient embarquer avec elle pour accomplir la traversée vers New York.

Quant au destin qui lui fut ensuite réservé, les opinions divergent : selon certaines sources, Jenny et ses chatons auraient coulé avec la plupart des passagers, mais Jim Stokerman, un machiniste qui décida au dernier moment de ne pas monter à bord du bateau, raconte une toute autre histoire. Lors des festivités organisées à Southampton pour le départ du Titanic, Jim aurait soudainement vu Jenny quitter le paquebot en extrayant un à un ses chatons de ce monstre des mers. Ne sentant pas trop la traversée, Jim aurait alors décidé de rester chez lui... Jusqu'à la fin de ses jours, il eut l'intime conviction que Jenny avait senti le danger et savait que le premier voyage du Titanic serait aussi le dernier. Si cela n'est pas une preuve de l'intelligence supérieure de nos animaux de compagnie préférés, je ne sais pas ce que c'est ! Peut-être une légende très bien ficelée...

KARAOKÉ POUR CHAT

Si les couples ont bien leur chanson de prédilection, pourquoi ne pourrait-il pas y avoir un morceau qui renforcerait les liens entre vous et votre chat ? Pas d'inspiration ? Voici quelques titres pour vous mettre dans l'ambiance.

- *Year of the Cat* – Al Stewart
- *Memory* (la chanson de la comédie musicale *Cats* !)
- *What's New, Pussycat* – Tom Jones
- *The Circle of Life* – Elton John (oui oui, la chanson du *Roi lion*)
- *The Lion Sleeps Tonight* – The Tokens (ou sa version française chantée par Pow Wow)
- tous les morceaux des Pussycat Dolls
- *Smelly Cat*, de Phoebe dans *Friends*

MA CHANSON « MIAOU » PRÉFÉRÉE

UN ENGOUEMENT DE PLUS DE 9 000 ANS

On a longtemps pensé que les anciens Égyptiens avaient été les premiers à avoir des chats domestiqués et que cette domestication remonterait donc à environ 3 000 ans avant Jésus-Christ. Mais il y a peu, à Chypre, on a découvert le squelette d'un chat dans une tombe datant de plus de 9 000 ans. L'homme et son animal avaient manifestement été enterrés ensemble avec tout un tas de petits coquillages en guise d'offrande. Ceci démontre que le défunt était une personne importante et qu'il devait exister un lien particulier entre l'homme et l'animal.

Le premier chat sauvage à avoir été apprivoisé – et en réalité le seul – est le chat sauvage d'Afrique. La domestication du chat n'eut donc pas lieu en Égypte, mais plutôt dans le Sud-Ouest asiatique et au Moyen-Orient avec l'apparition des premiers agriculteurs. Avec la naissance de l'agriculture apparurent également les premiers excédents de céréales et toute une série de nuisibles qui, à leur tour, attirèrent les chats sauvages. Afin de protéger leurs récoltes des rats et des souris, les hommes tentèrent dès lors de s'attirer les faveurs des chats. Ceux-ci conquirent ensuite lentement l'Europe. Mais s'il existe aujourd'hui un véritable engouement pour les chats, c'est néanmoins aux anciens Égyptiens qu'on le doit.

« QUAND JE JOUE AVEC
MON CHAT, QUI SAIT S'IL
NE S'AMUSE PAS PLUS DE MOI
QUE JE LE FAIS DE LUI ? »

MONTAIGNE

LES VIDÉOS DE CHATS À NE PAS MANQUER

Si les chats règnent en maître dans nos cœurs et sur nos canapés, force est de constater qu'ils dominent également la Toile. Comment avons-nous pu vivre sans vidéos de chats ? Heureusement, les temps ont changé. Voici quelques vidéos que vous devez voir à tout prix :

- Le chat déguisé en requin sur un aspirateur : tapez « cat », « shark » et « roomba » sur Internet et apprêtez-vous à vivre deux minutes de pur plaisir – j'en ai encore la larme à l'œil. Cela ne vous a pas suffi ? Cherchez la version avec le chien et le caneton...
- Dansons la capucine : deux chats qui chantent et se tapent dans les pattes – difficile de ne pas attraper un fou rire.
- Cat Park – Amy Schumer : la comédienne américaine dans l'un de ses meilleurs sketches... Au sujet des chats naturellement !
- Surprised Kitty : ce chaton super mignon vous offre les 17 secondes les plus craquantes de YouTube.
- My Cat Saved My Son : des images incroyables, filmées par une caméra de surveillance, qui montrent à quel point un chat sait se montrer héroïque. Âmes sensibles s'abstenir !

Quelles sont vos vidéos de chats préférées ?

PLANONS UN PEU...

Certaines Népétas, que l'on appelle aussi « herbe aux chats » ou « cataires » sont connues pour les effets qu'elles ont sur les félins. Ces espèces contiennent de la népétalactone, un composé organique qui peut provoquer des hallucinations chez votre chat et le plonger dans un état euphorique. Frottez un jouet de votre chat avec un peu de cette herbe et il y a fort à parier qu'il ne mettra pas longtemps à se rouler par terre avec des yeux vitreux. Tous les chats n'y sont pas sensibles : 80 % d'entre eux semblent réceptifs à cette « drogue », une sensibilité qui se transmet génétiquement. Les grands félins tels que le tigre et le lynx ne sont pas épargnés. La cataire plaide néanmoins non coupable, puisqu'il semblerait que la népétalactone interagisse avec les phéromones des félins, ces dernières étant des substances aux propriétés apaisantes qui permettent aux chats de communiquer et de délimiter leur territoire. Enfin, sachez que la valériane provoque un effet assez similaire.

L'HEURE DE LA RÉCRÉATION

Je dois vous prévenir d'un danger, d'une erreur capitale : n'entassez pas chez vous des jouets pour chats auxquels votre petit animal préféré ne prêtera même pas attention. Je l'admets, j'ai moi-même été victime de ce syndrome. Paniers pour chats, arbres à chat gigantesques, tapis de jeux, peluches, tunnels pour chat… Il suffisait de m'en parler pour que je coure l'acheter. Ces objets, Marbles les a superbement ignorés, même après que je les aie pulvérisés d'un « play spray » à base d'herbe aux chats censé les rendre subitement plus attrayants.

Mais je ne tombe aujourd'hui plus dans le piège, ayant appris à apprécier toutes les variantes proposées par ces jouets classiques :

- baguettes et plumeaux
- tous les jouets à balles – Marbles confond même son circuit avec son lit, c'est dire…
- souris laser : il est totalement raide dingue de ce jeu
- sa fontaine d'eau, un lieu qui lui procure beaucoup de plaisir

Et vous, quels sont les jouets favoris de vos chats ?

CONSEIL Rangez les jouets de votre chat dès qu'il a terminé de jouer et alternez-les régulièrement. Les chats se lassent rapidement des jeux qu'on leur propose. Sachez donc cultiver leur intérêt !

ISAAC NEWTON : UN CÉLÈBRE « HOMME À CHATS »

Isaac Newton, un scientifique de génie, nous a non seulement livré la loi de la gravitation (ce qui nous a valu quantité de mauvaises notes à nos examens de physique), mais il semblerait que cela soit aussi à lui que l'on doive l'invention de la chatière. Si l'on en croit la légende, le pauvre homme aurait été rendu complètement fou par son chat qui ne cessait de le déranger durant ses séances de travail. Grâce à la chatière, Newton put à nouveau se concentrer. Une découverte qui eut de brillantes retombées !

#PRRRRRFECT

- Pour une photo parfaite sur Instagram, votre arrière-plan doit rester simple et neutre : c'est ainsi que votre animal retiendra toute l'attention. Pas de mur uniforme ? Disposez un drap sur une chaise.
- Privilégiez la lumière douce et naturelle. Un espace près d'une fenêtre vous procurera le meilleur éclairage. N'utilisez surtout pas de flash.
- Prenez la photo à hauteur des yeux de votre chat, voire un peu plus bas si vous le pouvez. N'hésitez pas à tester différentes perspectives : les meilleures photos se cachent parfois dans les recoins les plus insoupçonnés.
- Créez une atmosphère apaisante. Pour faire un modèle parfait, il faut un chat heureux !
- Choisissez un décor familier, comme son arbre à chat favori par exemple : il y a de fortes chances que votre petite marmotte s'y pose calmement. De la même façon, de délicieuses friandises ou son jouet préféré retiendront votre matou dans les environs.
- Faites appel à quelqu'un qui agitera son jouet favori au moment opportun afin que votre chat regarde précisément dans la direction que vous souhaitez.
- N'oubliez surtout pas les accessoires ! En soi, il n'y a pas forcément besoin d'enfiler un costume de Noël à votre chat pour réaliser la photo de fin d'année parfaite. Mais pourquoi ne pas le faire poser à côté d'un Père Noël en peluche par exemple ? Soyez créative !
- Utilisez le mode rafale de l'appareil photo de votre Smartphone, vous multiplierez ainsi vos chances d'obtenir un cliché réussi !

Avec tous ces conseils, votre chat devrait rapidement influencer le Web (#catfluencer) !

QUELQUES CHIFFRES

Selon les dernières statistiques, il apparaît que les Wallons sont proportionnellement plus nombreux à posséder un chat (36 %) ou un chien (31 %) que les Flamands ou les Bruxellois. En France, le chat est l'animal de compagnie préféré des ménages. Ainsi, sur près de 29 millions de foyers recensés, 28 % déclarent au moins posséder un chat, soit plus de 8 millions de foyers. Et parmi les possesseurs de chats, ils sont 58 % à estimer que leur animal de compagnie augmente leur bien-être.

LISTE DE NOMS

Félix, Simba, Tigrou, Minou ou Gribouille font partie des noms de chats les plus populaires, mais peut-être avez-vous envie de vous différencier un peu. Notez vos noms de chats favoris ci-dessous. Cette liste vous servira de source d'inspiration lorsque vous devrez trouver un nom pour votre prochain colocataire !

DIY : DEVENEZ DEALER

Vous trouverez de l'herbe aux chats (ou cataire) « toute prête » dans les magasins spécialisés pour animaux, mais vous pouvez également en cultiver. Ces plantes peuvent atteindre un mètre de haut et ont de jolies fleurs blanches et violettes. Choisissez des graines de Nepeta cataria et plantez-les au printemps ou à la fin de l'été. Vous pouvez les semer en pots ou en pleine terre. Gardez néanmoins à l'esprit que tous les chats du voisinage viendront aussi farfouiller dans votre parterre.

La cataire apprécie l'ensoleillement et germera au bout de dix à vingt jours.

Faites sécher les fleurs entre les pages d'un gros livre. Et voilà, votre herbe aux chats est prête !

CAT-UP-COMEDY

Pas besoin de sortir de chez soi pour assister aux meilleurs spectacles : nos chats nous procurent chaque jour notre dose de fou rire. Pour vous en souvenir pour toujours, décrivez ci-dessous les moments les plus drôles que vous avez vécus avec votre chat.

« J'AI CÔTOYÉ DIFFÉRENTS
MAÎTRES ZEN. C'ÉTAIENT
TOUS DES CHATS. »

ECKHART TOLLE

LE SENS DU POIL

Caresser votre chat, n'est-ce pas la plus belle chose qui soit ? En plus, les caresses renforcent les liens qui se nouent entre le maître et l'animal. Néanmoins, chaque chat est différent et tous n'apprécient pas forcément les caresses. De la même manière, tous les animaux n'aiment pas se faire caresser au même endroit – ils ont leurs préférences ! Laissez votre chat venir à vous, c'est important, cela ne sert à rien de le forcer.

À l'aide de crayons différents, coloriez les zones où votre chat aime se faire caresser, les endroits qu'il faut approcher avec parcimonie et les zones de non-droit. Vos futurs *cat-sitters* seront ainsi prévenus !

COURS FORREST ! COURS !

La vitesse maximale d'un chat est de 50 km/h, soit un peu plus que celle de l'homme (45 km/h en course). Les autres félins font encore mieux : le tigre atteint les 65 km/h, le lion les 80 et le guépard peut même atteindre la vitesse maximale de 120 km/h.

CHATSTROLOGIE

Connaissez-vous déjà la « chatstrologie » ? Vous l'avez deviné, c'est une contraction formée à partir des mots « chat » et « astrologie ». Il existe donc des astrologues qui se sont penchés sur le thème astrologique de nos chats. (Et après, c'est nous que l'on qualifie de « folles » ? Pff...) Concrètement, selon ses « chatstrologistes », les chats sont des mêmes signes du zodiaque que nous et c'est donc leur date de naissance qui détermine leur signe astrologique. (Libre à vous d'y croire ou pas. L'auteur tient en tout cas à décliner toute responsabilité pour les incidents qui seraient dus à de la naïveté.)

Signes de feu (Bélier, Lion, Sagittaire) : ces aventuriers aiment grimper aux rideaux et sauter sans relâche de meuble en meuble. Ils ne reculent même pas devant le chien du voisin. Ils acceptent difficilement le « non », mais apprécient toujours les séances de câlins après leurs bêtises quotidiennes.

Signes d'air (Gémeaux, Balance, Verseau) : ces petits curieux ont tendance à venir se coucher sur votre journal et à ne pas vous laisser tranquillement taper sur votre clavier. Ils suivent avec fascination votre routine quotidienne. Ils sont un peu moins intéressés par les câlins, mais se laisseront quand même volontiers « embarquer » dans votre vie.

Signes d'eau (Poisson, Cancer, Scorpion) : au début, ceux-ci se montreront farouches, mais ils s'épanouiront bien vite au contact de l'amour. Ils apprécient particulièrement être « enfant unique », mais tolèrent aussi la présence d'un compagnon. Au sein d'un groupe plus important, ils se sentent vite intimidés. Ils ont également tendance à régler leurs problèmes émotionnels dans la nourriture et sont donc sujets à l'embonpoint.

Signes de terre (Taureau, Vierge, Capricorne) : ces chats sont des alliés fidèles qui tiennent très fort à leur maître et ne tolèrent aucun intrus. Ils aiment quand les choses se répètent de la même manière chaque jour et sont connus pour être les plus loyaux de tous les signes du zodiaque. Ils seront toujours les premiers à lécher les larmes de leur maître en cas de peine de cœur.

CLIN D'OEIL

Avez-vous déjà remarqué que votre chat vous regardait parfois en clignant lentement des yeux ? Non, il n'essaye pas de vous hypnotiser. Les experts qui s'intéressent au comportement du chat appellent ce phénomène « *slow blink* ». C'est sa manière de vous saluer et de vous montrer à quel point il se sent bien avec vous. Regardez-le et clignez des yeux en retour : fermez et ouvrez doucement vos yeux puis observez comment votre animal réagit. Si vous avez su vous montrer convaincante, il vous renverra votre clin d'œil 😉

« SI L'ON POUVAIT CROISER
L'HOMME ET LE CHAT,
ÇA AMÉLIORERAIT L'HOMME,
MAIS ÇA DÉGRADERAIT LE CHAT. »

MARK TWAIN

VOUS REPRENDREZ DU CAFÉ ?

Le kopi luwak est très certainement le café le plus luxueux au monde et le chat n'est pas totalement étranger aux raisons de son succès. « Kopi » signifie « café » en indonésien et « luwak » désigne la civette (anciennement chat musqué), un féliforme vivant à l'état sauvage en Asie du Sud-Est. Et le moins que l'on puisse dire, c'est que le kopi luwak est récolté d'une manière tout à fait inhabituelle. Jugez plutôt : la civette consomme les cerises du caféier, digère leur pulpe, mais pas leur noyau, celui-ci se retrouvant donc dans ses excréments. Les ouvriers récoltent ensuite les crottes de civette pour en extraire le noyau et en faire du café. Vu les spécificités de la récolte, le kilo de kopi luwak peut facilement atteindre les 600 dollars. Néanmoins, ces dernières années, de nombreuses voix se sont élevées pour dénoncer les conditions de détention des animaux qui servaient à la production de ce café. Ces plantations font même partie du top 10 des attractions touristiques les moins respectueuses du bien-être animal, tout comme les balades à dos d'éléphant, les numéros de singe dans les cirques ou les spectacles d'orques.

MENU DU JOUR

Imaginons que vous deviez composer le repas de fête idéal de votre chat… Quel serait votre menu trois étoiles ? Vous pouvez également vous amuser à faire ce jeu avec votre *cat-sitter*.

MENU

ENTRÉE :

PLAT :

DESSERT :

EN GUISE D'ACCOMPAGNEMENT :

LA VENGEANCE DU CONCOMBRE MASQUÉ

En 2015, le Web a soudain été envahi de vidéos montrant des chats terrorisés par des concombres. On y voyait leurs maîtres déposer un concombre derrière leur dos pendant qu'ils mangeaient tranquillement. Lorsque les chats se retournaient et tombaient nez à nez avec le légume, ils sursautaient et faisaient des bonds de plusieurs mètres de haut. Les experts en restèrent pantois : pourquoi les chats éprouvaient-ils une telle crainte du concombre ? Leur faisait-il penser à un serpent ? En réalité, c'est l'effet de surprise qui suscita chez eux cette peur panique. Quand ils mangent, les chats sont très vulnérables et l'apparition soudaine d'un intrus fait sensiblement monter leur tension artérielle. Nous ne vous conseillons pas de tenter l'expérience : à quoi bon terrifier votre chat pour augmenter votre nombre de vues sur Internet ?

LE LAIT : AMI OU ENNEMI ?

Le chat semble aussi inséparable du lait que Roméo de Juliette, mais tout comme dans la tragédie de Shakespeare, il s'agit d'une relation vouée à l'échec. Ne donnez pas de lait de vache à votre chat, car la plupart d'entre eux sont intolérants au lactose. À la naissance, les chatons boivent naturellement le lait maternel – ils s'en donnent d'ailleurs à cœur joie –, mais à l'âge de trois mois, ils perdent l'enzyme qui leur permet de digérer le lactose.

Même une simple lichette peut sérieusement peser sur leur estomac, c'est pourquoi il est préférable de leur donner de l'eau du robinet. Vous avez néanmoins envie de faire plaisir à votre chat ? Choisissez alors un lait sans lactose, mais toujours à petite dose...

« Crazy cat routardes »

Mesdames, attention, nous allons vous révéler la véritable signification du hashtag « wanderlust ». Non, Chantal, ce n'est pas parce que tu poses avec un flamant rose gonflable durant ton voyage tous frais payés à Ibiza que tu es une exploratrice. Il est temps de repousser vos limites et de visiter les lieux dédiés aux chats les plus insolites de la planète. Les connaissez-vous déjà ? N'hésitez pas à compléter notre liste : une « crazy cat lady » ne découvre-t-elle pas un nouvel endroit à chaque vacances ?

- Le Cabinet des chats à Amsterdam : un musée entièrement dédié au rôle des chats dans l'art. Situé au centre de la capitale néerlandaise, ce musée présente des œuvres de Picasso, Rembrandt ou encore Toulouse-Lautrec. Il fut créé en 1990 par un certain Bob Meijer, en hommage à son chat, John Pierpont Morgan. Vous voyez, c'est toujours quand on se dit que notre folie atteint son degré culminant que l'on tombe sur plus déjanté que soi.
- Le sanctuaire des chats de Torre Argentina à Rome : la capitale italienne a de tous temps été associée aux chats de rue, vous ne serez donc pas surpris d'apprendre qu'environ 140 chats errants ont trouvé refuge parmi les vestiges de la Torre Argentina. Faites d'une pierre deux coups : rendez-leur visite et découvrez l'endroit où Jules César aurait été assassiné. Ironie de l'histoire : selon la légende, ce général romain était terrorisé par les chats !
- Aoshima, l'île aux chats (Japon) : le rêve ultime de toute « crazy cat lady » qui se respecte, tant cette minuscule île est peuplée de chats errants. On estime que l'île compte dix chats par habitant. S'ils ne sont pas considérés comme des animaux domestiques, ils sont cependant nourris et soignés. Arrivés petit à petit sur l'île via des

bateaux de pêche, ils se sont ensuite reproduits à n'en plus finir. Cette année, une campagne de stérilisation a néanmoins débuté. Depuis l'annonce de la nouvelle, l'île ne déborde plus seulement de chats, mais elle regorge également de touristes désireux de faire chauffer leur compte Instagram tant qu'il est encore temps....

- Su Pallosu, la plage pour chats (Sardaigne) : ce village comptant à peine six habitants est devenu l'un des spots les plus populaires de l'île italienne en un rien de temps. Les raisons de ce succès ? Une colonie d'environ soixante chats errants apprivoisés ont élu domicile sur cette plage idyllique. On peut les voir y faire les fous dans l'eau ou venir réclamer des caresses aux touristes... Autant dire qu'ils sauront vous attendrir. Cette plage pour chats existe depuis une petite centaine d'années, mais le secret ne s'est que tout récemment éventé.
- Catcon, la convention annuelle dédiée au chat (Californie) : Catcon entend invalider le mythe de la « crazy cat lady » et changer le regard négatif qu'on lui porte. Avoir un chat, c'est cool et branché. Les chats les plus célèbres du Net se déplacent à Catcon où il est permis de poser à leurs côtés moyennant monnaie sonnante et trébuchante. Il est également possible d'y suivre des ateliers, de soutenir des initiatives « pro-chats » et d'y acheter les gadgets les plus en vue.

FLORENCE NIGHTINGALE : CÉLÈBRE « CRAZY CAT LADY »

Florence Nightingale a non seulement posé les jalons des soins infirmiers modernes, mais elle raffolait également des chats. Tout au long de ses 90 années d'existence, elle aura abrité pas moins de 60 chats. Le premier, elle l'avait reçu d'un soldat blessé lors de la guerre de Crimée. L'hôpital de campagne grouillait de rats, mais le problème avait vite été résolu grâce à l'arrivée de ce redoutable prédateur. Après la guerre de Crimée, alors qu'elle était affaiblie par une longue maladie, ses animaux de compagnie formaient le rayon de soleil de sa vie, même si elle s'en plaignait parfois lorsqu'ils la dérangeaient durant ses nombreuses séances d'écriture. Des traces de pattes subsistent très certainement sur les dizaines de milliers de lettres que Florence Nightingale rédigea durant sa vie.

LES 10 RAISONS POUR LESQUELLES JE REMERCIE MON CHAT

Je remercie tellement Marbles de faire partie de ma vie que si je devais énumérer tous les bienfaits qu'il m'apporte, je pourrais écrire un livre entier. Le soir, quand le ciel est à la pluie et que je suis d'humeur mélancolique, c'est lui qui me réconforte en posant sa patte sur mon bras. Mais il y a aussi ses séances de folie quotidiennes, à 22 heures tapantes, quand il se met à traverser la maison de long en large tel un diable sortant de sa boîte. La manière dont il « goutte » systématiquement parce qu'il ne parvient pas à boire de manière distinguée... Il y a tant de moments de tendresse et de bonheur intense.

Et vous, pour quelles raisons lui êtes-vous si reconnaissante ?

EN CAS DE CANICULE

Saviez-vous que votre chat aussi pouvait souffrir de la chaleur ? Afin de le soulager un peu, vous pouvez lui acheter un matelas rafraîchissant et disposer des bols d'eau fraîche que vous renouvellerez deux fois par jour à travers toute votre maison. Encore un conseil : remplissez une bouteille d'eau avant d'aller dormir et placez-la dans le congélateur. Attention à ne pas la remplir à ras bord car l'eau a tendance à déborder lorsqu'elle est congelée. Au réveil, ôtez la bouteille du congélateur et placez-la à l'endroit favori de votre chat. Certains chats apprécient aussi que l'on dépose des glaçons dans leur bol d'eau. Vous pouvez également disperser quelques glaçons dans votre salon : les chats transpirant uniquement des coussinets, ils se rafraîchiront instantanément en jouant avec les glaçons. N'hésitez pas non plus à les brosser ou à les caresser très doucement à l'aide d'un gant humide. N'utilisez toutefois cette dernière solution qu'en cas d'urgence, si vous voyez que votre chat ne fait aucun effort pour trouver un peu d'air frais par exemple. Dernière suggestion : humidifiez une serviette et posez-la sur le sol. Dans tous les cas, ne mouillez jamais entièrement votre chat et ne le caressez pas non plus avec des glaçons, cela pourrait le plonger en état de choc !

LES CHATS PEUVENT-ILS RÊVER ?

Vous aussi, vous avez remarqué que votre chat semblait vivre des aventures trépidantes durant son sommeil ? Marbles souffre du syndrome du « sommeil alcoolisé » : alors qu'il est plongé dans un profond sommeil, on a parfois l'impression qu'il sort d'une séance de « binge drinking » improvisée... Les scientifiques ont découvert que les chats pouvaient bel et bien rêver. Tout comme les humains, durant leur phase de sommeil profond, ils assimilent les événements qu'ils ont vécu durant la journée. Lorsqu'ils sont en train de rêver, il n'est pas rare de voir leurs pattes remuer ou leur moustache trembler.

Chasse à la souris, séance de câlins ou petit verre d'eau fraîche : à quoi rêve votre chat ?

LE CHAT QUI POUVAIT PRÉDIRE LA MORT

Cette histoire pour le moins macabre est néanmoins 100 % véridique. Oscar, un chat américain à la robe tricolore, a au moins prédit une centaine de décès. Oscar vit depuis 2005 dans une maison de retraite de Rhode Island. Là, le personnel soignant s'est rapidement rendu compte que, quelques heures avant que la personne ne rende son dernier souffle, le chat se rendait dans sa chambre afin d'y faire une petite sieste et ce même si aucun signe ne montrait qu'elle n'en avait plus pour longtemps à vivre. Au bout de 25 prédictions justes, le personnel décida de prévenir les membres de la famille du mourant afin qu'ils puissent dire adieu à leur proche dans les meilleures conditions. Pour le monde médical, Oscar reste une énigme que les experts tentent de déchiffrer depuis des années. Pour certains scientifiques, Oscar serait capable de sentir la substance chimique que les personnes mourantes secrètent. D'autres estiment que l'explication est plus simple et pensent qu'Oscar apprécie particulièrement de faire sa sieste aux côtés de personnes pratiquement immobiles. Sa célébrité lui a déjà valu un petit rôle dans un épisode de la série *Dr House*. Dans la cinquième saison, un chat répondant au nom de « Debbie » prédit la mort des patients. Pour le célèbre docteur, l'explication serait à chercher du côté de la couverture électrique utilisée pour réchauffer le corps des personnes mourantes.

CE QUI REND ________________ UNIQUE

Oh chat, mon beau chat ! Quels sont les éléments qui caractérisent votre mistigri ? Cette petite tache au-dessus de sa patte gauche ? Son miaulement reconnaissable parmi tant d'autres ? Sa haine totalement infondée pour votre amoureux ?

MIAOU !

Saviez-vous que les chats adultes ne miaulaient pas pour se parler ? Pour communiquer entre eux, ils utilisent plutôt leur odeur, leur corps, des gémissements et des couinements. Les miaulements sont donc réservés aux humains. Ce cri, ils l'ont appris parce que nous leur parlions. Miauler leur permet d'attirer notre attention. Avouons-le : ça marche pratiquement à tous les coups. C'est d'ailleurs ce que font les chatons quand ils ont besoin de leur maman.

DIY : RÉALISEZ VOUS-MÊME VOTRE PLUMEAU

Pas besoin d'être la reine de la bricole pour réaliser vous-même quelques jouets pour chats ! Ce plumeau, par exemple, il est vraiment très facile à faire.

Vous aurez besoin d'une paille, d'environ sept plumes colorées (à acheter dans les magasins de loisirs créatifs) et de super glu.

Appliquez de la colle sur la partie supérieure de la paille et remplissez ensuite la cavité à l'aide des plumes colorées. Laissez bien sécher afin que les plumes ne se décollent pas.

Tadam ! Votre plumeau est prêt à être attaqué !

« CHAQUE CHAT EST
UN CHEF-D'OEUVRE. »

LÉONARD DE VINCI

NANTS INGONYAMA

Un classique parmi les « crazy cat ladies » les plus hardcore : rejouer la scène culte du *Roi lion* sur l'air tout aussi emblématique de *L'histoire de la vie*. En anglais, on appelle ça « *Lion kinging* ». En somme, il s'agit d'élever votre doublure dans les airs afin de le présenter au monde animal, tout comme Rafiki, le babouin, le fait lorsque Simba est né. (Nous déclinons toute responsabilité en cas de miaulements plaintifs ou de griffures intempestives.)

Envie d'y aller à fond ? Sur Internet, vous trouverez des perruques de lion pour chat qui seront du plus bel effet sur votre petit compagnon. N'oubliez pas de partager vos prouesses sur Instagram !

ÇA GRANDIT SI VITE, VOUS SAVEZ...

Vous vous souvenez de ce petit chaton qui vous courait dans les pattes il n'y a pas si longtemps que ça ? Eh oui, c'est bien lui qui a quadruplé de taille et de poids. Nous vous proposons un exercice : prenez une photo de votre chat quand il était petit et retouchez-la pour qu'elle ressemble le plus fidèlement possible à la version adulte. Collez ensuite le résultat ci-dessous. Alors, mignon ou pas ?

COLLEZ UNE PHOTO
DE VOTRE CHAT

ERNEST HEMINGWAY : UN CÉLÈBRE « HOMME À CHATS »

L'Américain Ernest Hemingway, l'auteur du *Vieil Homme et la mer*, avait plutôt mauvaise réputation : l'homme n'y allait pas par quatre chemins, était régulièrement saoul et pouvait même se montrer violent. Mais pour ses chats, il aurait remué ciel et terre. Ce prix Nobel alla jusqu'à en détenir une cinquantaine en même temps dans son manoir et apprit à boire son lait favori au moment où il se servait son premier whisky. Il les surnommait ses « éponges d'amour » et louait leur « honnêteté à toute épreuve ». Hemingway raffolait surtout des chats « polydactyles », des animaux à six doigts. Snowball fut le dernier qu'il reçut dans les années 1930 des mains d'un capitaine de navire. Les marins appréciaient particulièrement ces chats à six doigts : ils se montraient non seulement plus efficace à la chasse à la souris, mais gardaient aussi plus facilement l'équilibre en pleine mer et portaient chance.

APPROUVÉ PAR BOUDDHA

Chez les bouddhistes, le chat est un animal sacré. Il serait même l'enveloppe des âmes spirituelles lors du processus de réincarnation. De nombreuses divinités bouddhistes avaient un chat pour animal de compagnie, tandis que les moines apprécient également la présence de ces animaux à quatre pattes dans l'enceinte de leurs temples.

CONSIGNES POUR LA *CAT-SITTER*

Que ferions-nous sans *cat-sitter* ? Si nous pouvons partir en vacances sans trop nous faire de soucis, c'est bien grâce à cette personne ! Un(e) *cat-sitter* bien préparé(e), cela vaut de l'or. Remplissez ce petit questionnaire pour lui faciliter la tâche. À quoi doit-il/elle faire particulièrement attention ?

BOISSON ET NOURRITURE ______________________

____

____

PIPI ET CACA ______________________

____

CARACTÈRE ______________________

____

____

JEUX FAVORIS ______________________

____

____

CONSEILS CÂLINS ______________________

____

À FAIRE ______________________

____

À NE PAS FAIRE ______________________

____

ALLEZ, COUCOUCHE PANIER !

Selon un mythe particulièrement bien ancré, il serait impossible de dresser un chat et de le forcer à accomplir des exercices particuliers. Il faut bien avouer que tous les chats ne sont pas réceptifs à l'apprentissage. Certains sont bien trop têtus pour ça. Il y a néanmoins des chats qui adoptent plus facilement le « comportement d'un chien » que d'autres. Mais comment s'y prendre ? Les experts ne jurent que par le « *clicker-training* », une méthode qui a recours à un petit appareil émettant des cliquetis. À chaque « clic », le chat reçoit une récompense, comme une friandise par exemple. Au départ, il ne doit rien faire pour l'obtenir, mais dès qu'il a compris que ça lui rapportait quelque chose, on peut lui apprendre un exercice. On peut lui demander d'apporter un objet, d'aller dans son panier, de s'asseoir, d'éviter certains obstacles, de marcher en laisse, d'appuyer sur un interrupteur... Il est vrai qu'il est plus compliqué de dresser un chat qu'un chien : le chien, qui est un animal de meute, sera par nature plus enclin à vouloir faire plaisir à son maître. Le chat, pour sa part, fera surtout ce qu'il a envie de faire. Ceux qui veulent constater les incroyables résultats d'un dressage de chat réussi peuvent chercher « Savitsky Cats » sur YouTube. Vous n'en reviendrez pas !

AILUROPHOBIE

Breaking news : il paraîtrait que tout le monde n'aime pas les chats ! Oui, je sais, chère « crazy cat ladies », cela fait un choc. Mais il y a pire : certaines personnes en ont même une sainte horreur. C'est ce que l'on appelle l'ailurophobie, du grec « *ailouros* » (« chat ») et « *phobos* » (« folie »). Parmi les personnes célèbres qui en furent atteintes, on compte Napoléon, Adolf Hitler et Benito Mussolini. En tant que « femme à chat », j'avoue que cela a plutôt tendance à me rassurer… Par contre, ne faites jamais confiance à quelqu'un qui n'aime pas les chats…

ET L'OSCAR EST ATTRIBUÉ À...

Les chats aussi peuvent devenir des véritables stars de cinéma. Connaissez-vous Orangey ? Ce chat roux a joué aux côtés d'Audrey Hepburn dans *Breakfast at Tiffany's* en 1961. Grâce à ce rôle, il exécuta l'une des interprétations les plus emblématiques de toute l'histoire du cinéma félin. Il est également le seul matou à avoir remporté deux Patsy Award – l'équivalent des Oscars pour les animaux – au cours de sa carrière. Mais Orangey avait du caractère : il aurait ainsi mordu certains acteurs et même son propre maître ne l'aurait pas apprécié tant que ça. En outre, les tournages devaient être fréquemment arrêtés parce que monsieur en avait assez et prenait discrètement la tangente. Une vraie diva !

LES PATTES EN L'AIR !

Les chats porte-bonheur japonais qui agitent continuellement la patte comme s'ils vous saluaient, ne me dites pas que vous ne les avez jamais repérés. En japonais, ces petites figurines en porcelaine s'appellent « *maneki-neko* » et si elles lèvent la patte, ce n'est pas simplement pour vous amuser. Selon les croyances, la patte gauche est censée attirer les clients dans les magasins et la patte droite est synonyme de chance et de richesse. Représentant un bobtail japonais, elles ont même pénétré l'univers des Pokémon, Meowth étant le *maneki-neko* de ce jeu vidéo.

RRRRRRRRRRRRR

Pour les chats, le ronronnement est une manière positive de communiquer avec d'autres chats ou avec les humains. C'est aussi une façon d'établir le contact. Les chats ronronnent très jeunes, cela leur permet d'attirer l'attention de leur maman. Souvent, ils la massent simultanément avec leurs petites griffes afin d'être nourris. Lorsqu'ils sont cajolés par leur maître, les chats adultes répètent ce geste qui leur procure un sentiment de calme et de bien-être. En réalité, le comportement qu'adopte une maman chat avec ses chatons ressemble beaucoup au lien que le chat adulte établira avec son maître. Certains félins de plus gros calibre peuvent également ronronner, comme le guépard par exemple. Les chats expriment aussi leur affection en léchant ou en frottant leur nez ou leur visage contre vous. Enfin, sachez qu'ils peuvent parfois ronronner lorsqu'ils éprouvent de la douleur, cela aura le don de les apaiser.

MERCI LES ÉGYPTIENS

Si le chat est devenu l'un des animaux de compagnie les plus appréciés au monde, c'est les Égyptiens qu'il faut remercier. Comme ce fut le cas auprès des premiers agriculteurs du Moyen-Orient, c'est d'abord en tant que chasseur que le chat conquit l'Égypte. Son charme lui permit néanmoins bien vite de changer de statut. Aux environs de l'an mille avant Jésus-Christ, la première déesse à tête de chat et corps de femme fait son apparition. Elle s'appelle Bastet et de grandes festivités sont organisées en son honneur. Celui qui tuait un chat était alors menacé de mort. Et lorsque le chat de la maison passait l'arme à gauche, tous les membres de la famille devaient se raser les sourcils en signe de deuil. L'animal était quant à lui embaumé et enterré dans un petit cercueil en bois. Un culte du chat était organisé à Per Bastet, ville où l'on a retrouvé des milliers de chats momifiés. Il était formellement interdit d'exporter des chats, car les Égyptiens pensaient qu'ils leur devaient fortune et richesse. L'interdiction fut cependant levée à la suite du déclin de l'Égypte. Les Égyptiens vendaient aussi des chats domestiqués à d'autres peuples, parmi lesquels les Romains. C'est ainsi que le chat fit son apparition dans nos contrées. Quant au Nouveau Monde, c'est lors des grandes découvertes qu'il y fut introduit.

« CEUX QUI HAÏSSENT LES CHATS SE RÉINCARNERONT SOUS FORME DE SOURIS. »

FAITH RESNICK

DIY : RÉVEILLEZ SON INSTINCT DE CHASSEUR

Les chats étant des prédateurs, il n'est pas rare qu'ils aiment chasser pour obtenir leur repas. Ne vous étonnez donc pas s'ils vous semblent blasés à l'idée de retrouver leur gamelle au même endroit chaque soir. Afin de réveiller leur instinct de chasseur, pourquoi ne pas leur concocter des petits jeux sous forme d'énigmes les menant à leur nourriture ? Voici les règles : pour obtenir ses croquettes, votre chat va devoir se battre et résoudre un problème au préalable (tirer sur une poignée par exemple ou se défaire d'un clapet). De tels jeux se trouvent sous toutes les formes en magasin, mais il est également très simple d'en fabriquer. Prenez une boîte à chaussures vide et plusieurs rouleaux de papier toilette que vous couperez à différentes longueurs ou que vous laisserez comme ça. Placez-les debout et l'un contre l'autre dans la boîte à chaussures, jusqu'à ce qu'elle soit entièrement remplie. Disposez des friandises dans quelques rouleaux et présentez le tout à votre chat. Alors, est-il un vrai chasseur ou pas ? Marbles, lui, est plutôt du genre paresseux...

Il n'est pas conseillé de remplacer sa gamelle par ce type de jeu à chaque fois, mais plutôt de l'utiliser de temps en temps. Cela provoque de la frustration chez votre chat ? Cessez immédiatement le jeu. Cela doit avant tout rester une partie de plaisir !

LES SOEURS BRONTË : CÉLÈBRES « CRAZY CAT LADIES »

Les sœurs Brontë, d'origine britannique, ont toutes marqué la littérature de leur empreinte. Elles écrivirent chacune un chef-d'œuvre : *La Locataire de Wildfell Hall* (Anne), *Jane Eyre* (Charlotte) et *Les Hauts de Hurlevent* (Emily). Mais les sœurs étaient également de vraies « femmes à chats ». Dans leurs romans et leurs journaux, elles ont souvent abordé ce lien particulier entre l'homme et le chat. Emily Brontë aurait même écrit *Les Hauts de Hurlevent* avec son chat préféré, Tiger, à ses pieds. Cette dernière a également écrit un essai intitulé *Le Chat* et dans lequel elle essaie de convaincre ceux qui ne les aiment pas des bienfaits qu'ils apportent. Lecture obligée ☺

Empreinte écologique : 0/10

Les femmes à chats ne l'ignorent pas : les quantités de viande et de poisson qu'un chat ingurgite en une année sont impressionnantes, ce qui du coup n'est pas très soucieux de l'environnement. En 2009, Robert et Brenda Vale, deux experts en développement durable de la Victoria University, en Nouvelle-Zélande, ont calculé l'empreinte écologique de notre animal domestique favori. Ils sont arrivés au résultat de 0,15 ha, soit l'équivalent d'un automobiliste qui aurait parcouru 10 000 km. Effrayant, non ?

Forcer votre petite boule de poils à devenir végétarienne, ce n'est toutefois pas une bonne idée. Le chat est un carnivore et a donc besoin des éléments nutritifs de la viande et du poisson. Pour agir de manière écologique, vous pouvez par exemple utiliser de la litière compostable. Les époux Vale conseillent quant à eux d'adopter un hamster plutôt qu'un chat : l'empreinte écologique de deux hamsters est comparable à celle d'un écran plat. Oui, mais bon, « crazy hamster lady »... Avouons que ça le fait moins...

À QUOI PENSE-T-IL ?

Quelles sont les pensées profondes de votre chat ? Rêve-t-il au chat du voisin ? Est-il en train de mijoter un mauvais tour ? Ou, plus philosophe, élabore-t-il un plan afin d'éradiquer la faim dans le monde ?

Répertoriez sur cette page les pensées les plus brillantes de votre chat !

Bols et gamelles

Ne placez jamais le bol de croquettes de votre chat à proximité de son point d'eau, c'est quelque chose qu'il n'aime pas. Séparez-les donc de manière claire et ne les disposez pas non plus tout contre le mur. Les chats aiment avoir un aperçu global de leur environnement. S'ils sont obligés de boire ou de manger en regardant le mur, ils ne se sentiront pas en sécurité.

UN SPECTACLE PERMANENT

Ce chat immobile sur un appui de fenêtre en train d'observer la circulation ou d'épier le jardin, vous le reconnaissez ? Pas étonnant, on estime qu'environ 91 % des chats domestiques adoptent ce comportement. Le chat voit notre monde avec un autre regard et ce qui nous semble ennuyeux ne l'est pas pour lui. Pourquoi les chats raffolent-ils autant des fenêtres ? Parce que cela leur permet tout simplement d'agrandir leur territoire. Et plus celui-ci sera grand, plus il sera source d'amusement. Si on vous demande de choisir entre Tomorrowland et la foire aux boudins de Trifouilly-les-Oies, vous choisissez quoi ? Eh bien votre avenue, c'est un peu comme Tomorrowland pour votre chat...

PETITS SURNOMS

Si j'ai appelé mon chat Marbles, c'est à cause de l'expression « *lost his marbles* » qui signifie « perdre la tête ». Dès sa naissance, il m'a toujours semblé évident que Marbles avait un petit grain de folie : un peu lent, un peu empoté, mais toujours hilarant. Tel maître tel chat... Durant toutes ces années partagées dans la joie et dans la douleur, je l'ai évidemment affublé de divers surnoms, allant de « ma petite chouette » à Teddy, en passant par Marbie.

Et parce qu'il m'est arrivé d'oublier certains surnoms donnés à Marbles, je vous propose de mettre par écrit ceux que vous avez déjà donnés à votre chat. Tant que nous y sommes : que signifie son nom « officiel » ?

Mon chat s'appelle ____________________

parce que ____________________

Je l'appelle également parfois ____________________

parce que ____________________

Et ____________________

____

____

____

____

LE YOGA DES CHATS

Pour obtenir le yoga des chats, il vous suffit de mélanger les deux plus grosses tendances de ces dernières années. Le concept est aussi simple que drôle et consiste à effectuer ses postures de yoga avec son chat. Concrètement, pendant que vous réalisez la posture du tournesol, à la recherche des chakras perdus lors de votre dernière soirée, votre petite marmotte est invitée à venir tranquillement souffler en prenant place sur votre dos. Le yoga des chats a pour vocation de renforcer la relation entre l'animal et son maître et est par ailleurs très apaisant. Vous pouvez tenter l'expérience à la maison, mais ne vous attendez pas à atteindre tout de suite le nirvana. Chez moi, quand j'ai vu les regards perplexes que me lançait Marbles, cela a plutôt suscité des crises de fou rire. Le tapis de yoga, par contre, il l'a particulièrement trouvé à son goût !

LA « GRATTE-MOI LE VENTRE »
LA « FAIS-MOI DES CÂLINS »
LA « PATTES EN L'AIR »
LA « FILE-MOI DES BONBONS »

BIG BROTHER

Vous aimeriez savoir ce que votre chat manigance quand vous n'êtes pas à la maison ? Reste-t-il assoupi toute la journée ou fait-il les quatre cents coups ? Peut-être lui faites-vous confiance, mais ne pouvez supporter de rater un seul moment de sa journée ? Quelles que soient vos motivations, nous avons la solution : une firme américaine a lancé Petcube, une caméra qui surveille votre animal de compagnie 24 heures sur 24. Grâce à cet appareil, vous pouvez suivre votre chat sur votre Smartphone, parler avec lui et même jouer à des jeux de laser. Il existe aussi une version qui peut lancer des friandises à votre demande, quand vous êtes au bureau par exemple. Cette entreprise, qui a flairé le bon filon en comprenant que la planète était peuplée de femmes à chats, compte aujourd'hui une centaine d'employés alors qu'il n'y avait que son fondateur à l'origine en 2012. Vite, vite, dépêchons-nous de trouver le prochain gadget qui va révolutionner la planète chat... Vous avez une idée ? Mettez-les ci-dessous par écrit.

LE WALHALLA DES CHATS

Comment les producteurs de nourriture pour chats font-ils pour savoir que leurs croquettes vont plaire à nos petits mistigris ? Comme chez Michelin, ils font appel à des critiques gastronomiques. Ainsi, en Grande-Bretagne, au Waltham Centre for Pet Nutrition, vétérinaires et autres thérapeutes étudient pas moins de 350 chats. Dans ce véritable Walhalla, ceux-ci ne vivent évidemment pas dans de sombres clapiers, mais disposent d'amples espaces remplis de jouets, d'arbres à chat tous plus stimulants les uns que les autres et de zones de détente. Chaque animal est convié plusieurs fois par jour à une séance de jeux et de câlins. Durant les réunions, les chats gambadent même au milieu de la table l'air tout guilleret. Ces chats sont en réalité des goûteurs qui vont définir quelles variétés vont se retrouver sur le marché. Mais l'institut étudie aussi le comportement des chats et la relation entre l'homme et l'animal en collaboration avec des universités réputées. N'est-ce pas là un job rêvé ?

15 SIGNES QUI INDIQUENT QUE VOUS ÊTES UNE « CRAZY CAT LADY »

- Après l'école ou le travail, vous racontez votre journée à votre chat et trouvez même la conversation particulièrement fructueuse.
- Pendant cette conversation ô combien profonde, vous adoptez systématiquement la même voix que lorsque vous parlez à un bébé.
- La brosse à vêtements est devenue votre meilleure amie – sans elle, impossible de sortir de manière distinguée.
- Vous avez mis fin à des rendez-vous galants quand la personne convoitée vous a avoué qu'elle n'aimait pas les chats.
- Vous avez au moins un pull à motif « chat » dans votre garde-robe et vos amis rappliquent toujours avec un cadeau lié aux chats à votre anniversaire.
- Lorsque votre chat s'assoupit sur vos genoux, vous restez sans bouger dans le canapé. Et tant pis si vous devez faire pipi…
- Vous rêvez d'un tatouage de chat (ou vous en avez déjà un).
- Lors d'une fête, vous dégainez les photos de votre chat au bout d'un quart d'heure environ, qu'on vous l'ait demandé, ou pas.
- Le goût des poils de chat n'a aucun secret pour vous – vous les goûtez à chaque fois lors des séances de câlins avec votre matou.
- En matière de chats, vos amis se tournent toujours vers vous lorsqu'ils ont besoin de conseils.
- Aucun mème Internet ne vous échappe (le *Keyboard Cat*… !).
- Vous avez créé un compte Instagram pour votre chat et rêvez secrètement qu'il devienne un célèbre *catfluencer*. Si Grumpy Cat le peut, pourquoi pas votre Félix ? Et même en mieux…
- Vous partez en voyage avec un énorme sentiment de culpabilité parce que vous ne voulez pas laisser votre chat seul trop longtemps.
- Vous avez déjà vu 37 fois *Le Roi lion* et versez à chaque fois une petite larme.
- Vous avez déjà préparé une liste de noms pour vos futurs chats, car cela fait des mois que vous aimeriez agrandir la famille.

UNE PHOTO DE MON FILS
UNE PHOTO DE MON CHAT
ET ALORS, LA FILLE DU MARKE-TING DIT...
MIAOU
82 J'AIME

« QUEL PLUS BEAU CADEAU QUE L'AMOUR D'UN CHAT ? »

CHARLES DICKENS

LA SORCIÈRE ET SON CHAT NOIR

Au Moyen Âge, durant les épisodes de chasses aux sorcières, le chat était loin d'être en odeur de sainteté. En 1484, le pape promulgua un édit dans lequel il condamnait au bûcher les adorateurs de chats. Il pensait en effet que les sorcières vénéraient le diable et que les chats étaient l'incarnation du Malin. Leur petit côté mystérieux – pensez à leurs yeux qui brillent dans le noir – joua certainement un rôle dans cette persécution, tout comme leur caractère fantasque. Et le fait qu'ils puissent survivre à une chute de plusieurs mètres ne fit que renforcer les soupçons qui pesaient déjà sur eux. Brûlés vifs, battus à mort ou jetés du haut d'une tour, les chats connurent les pires supplices. À Ypres, on s'amusa même à les balancer du haut de la tour de la Halle aux draps jusqu'en 1817, une pratique barbare qui a aujourd'hui cédé la place à une tradition bien ancrée : le lancer de chats et son cortège correspondant. L'événement, qui a lieu tous les trois ans, attire environ 50 000 Belges et toujours des milliers de Japonais, la preuve s'il en est que ces derniers sont bien les habitants de la planète les plus obsédés par les chats. On vous rassure : les chats sacrifiés lors de ce « Kattenstoet » sont des peluches. Pas besoin d'appeler la Société protectrice des animaux !

SUR LA BALANCE

Votre chat semble avoir grossi ou vous paraît amaigri et vous aimeriez le peser ? Facile ! Pour connaître son poids, commencez par vous peser avec votre matou dans les bras, puis pesez-vous sans lui. La différence sera égale au poids de votre chat. Le poids idéal d'un chat est difficile à définir et peut fortement évoluer d'une race ou d'un sexe à l'autre. Pour un chat domestique, 3,5 à 4,5 kg est néanmoins un bon poids.

LA CHATTE LA PLUS HÉROÏQUE AU MONDE

C'est en 1996 que Scarlett, un chat des rues, atteignit la célébrité. Avec ses cinq chatons, cette jeune chatte vivait dans un garage miteux du quartier de Brooklyn, à New York, quand un violent incendie éclata. Au péril de sa vie, Scarlett brava les flammes pour sauver ses chatons un à un ; elle fut d'ailleurs sévèrement brûlée dans l'incendie. Dès que les faits furent connus, quelque 7 000 personnes se proposèrent pour adopter Scarlett et sa petite famille. La maman survécut miraculeusement à ses blessures et vécut encore de longues années sans plus jamais être confrontée au feu.

PETITES ET GROSSES BÊTISES

Comme vous l'aurez très certainement remarqué, nos boules de poils préférées aiment parfois jouer les petits polissons et mettre le bazar dans le salon. L'une des prestations les plus réussies de Marbles a toujours consisté à saccager mon sapin de Noël, boules à l'effigie des héros de Disney incluses. Je suppose qu'il en avait tout simplement marre de *La Reine des neiges*, ce que je peux difficilement lui reprocher. Et vous, quelles sont les plus grosses bêtises (ce sont souvent les plus hilarantes) que votre chat a commises un jour ?

OUPS.

HAUT ET CHAUD

Votre chat ignore totalement le luxueux panier que vous avez posé pour lui sur le sol ? Peut-être est-ce parce que les chats préfèrent se coucher sur un bord de fenêtre ou une armoire... Mais pourquoi aiment-ils prendre place si haut ? Et bien, en milieu naturel, les félins sont constamment à l'affût des dangers potentiels et le chat domestique a conservé cet instinct de survie. De nombreux chats préfèrent dormir en hauteur car ils s'y sentent plus en sécurité. Cela leur offre également un poste d'observation idéal afin de capturer leurs proies ou d'observer le danger. En milieu naturel, les félins se perchent souvent en haut d'arbres ou de rochers. De préférence, les chats choisiront aussi un lieu où ils auront bien chaud, de sorte à perdre le moins de calories possible durant leur sommeil. Une autre caractéristique qu'ils partagent avec leurs cousins les tigres et les lions.

WHAT THE FLUFF

Avez-vous déjà entendu parler du challenge « *what the fluff* » ? À l'origine, cette marée qui a déferlé sur Internet ne concernait que les chiens et leurs maîtres. Mais ne dit-on pas que ce que chien peut, chat le peut aussi, mais en mieux ? Pour réaliser ce challenge, mettez-vous dans le champ de vision de votre chat, alors qu'il est tranquillement installé dans le canapé ou le lit, et placez-vous non loin d'une ouverture de porte (afin de pouvoir rapidement et facilement vous échapper). Prenez un drap derrière lequel vous pouvez entièrement vous cacher, soulevez-le, puis rabaissez-le afin que votre chat puisse voir que vous vous trouvez derrière le drap. Arrive ensuite le tour de magie, le moment où vous allez totalement « disparaître » derrière le drap en le remontant une dernière fois, puis en vous cachant en filant par l'ouverture de porte. Le drap retombe et vous vous êtes évaporés. N'hésitez pas à engager un acolyte pour filmer la réaction de votre chat. Besoin d'inspiration ? Cherchez le hashtag #WhatTheFluff sur YouTube et Instagram : fou rire garanti !

IL EST STRICTEMENT INTERDIT DE NOURRIR LES CHATS

Nourrir votre chat comme vous vous nourrissez, sur le papier, cela semble peut-être une bonne idée, mais il existe néanmoins bien des dangers. Ainsi, le chocolat peut être mortel pour un chat : la théobromine qu'il contient peut en effet le tuer. Il est également préférable de le tenir éloigné des sushis, des oignons, de la ciboulette, de l'avocat et des œufs crus. Vous souhaitez tout de même lui donner un reste de viande ou de poisson ? Faites quelques recherches au préalable ou demandez conseil à votre vétérinaire.

UN MUSEAU UNIQUE

Savez-vous que chaque chat a un museau unique ? À l'instar des empreintes digitales chez les humains, c'est ce qui permet de l'identifier.

« CEUX QUI JOUENT AVEC
DES CHATS DOIVENT S'ATTENDRE
À ÊTRE GRIFFÉS. »

MIGUEL DE CERVANTES

CRÉPUSCU-QUOI ?

On dit souvent que les chats sont des animaux de nuit, mais en réalité, il faudrait plutôt dire qu'ils sont crépusculaires, actifs au crépuscule du soir ou du matin. Les chats dorment environ seize à vingt heures par jour. Tout comme les chats sauvages, ils gardent leur énergie pour la chasse.

LE RÉVEIL DU CHAT :

SELFIE !

Les chats ne sont pas spécialement connus pour leur nature accommodante. Prendre un selfie avec votre chat peut donc se révéler une véritable épreuve. Grâce à nos conseils, vous devriez y arriver plus facilement.

- Choisissez un moment durant lequel votre chat est détendu, lorsqu'il est déjà blotti sur vos genoux par exemple. #nostress
- N'utilisez aucun flash, mais privilégiez la lumière naturelle. #noflash
- Mettez votre chat à l'avant-plan – c'est lui qui doit attirer l'attention pas vous, sur Internet, vous ne pourriez de toute façon par rivaliser. #realmodel
- Faites des petits bruits sur votre Smartphone afin d'attirer son attention et son regard vers la lentille. #lookhere
- Embrassez-le – l'amour fait toujours son petit effet sur Instagram et votre visage apparaîtra soudainement plus émacié. #dunepierredeuxcoups

À FAIRE :

À NE PAS FAIRE :

- Adaptez-vous à votre chat. Il préfère se coucher sur le sol ? Faites comme lui ! #whostheboss
- Soudoyez-le avec une friandise – il faut ce qu'il faut pour un selfie parfait. #corruption
- Ne faites-pas durer les choses trop longtemps, soyez rapide ! Votre mini-tigre vous en sera reconnaissant. #notimetowaste

Vous avez réussi ? Imprimé votre selfie et collez-le ci-dessous !

RIP ☹

L'espérance de vie d'un chat domestique est d'environ quatorze à seize ans. Avoir un chat à la maison a bien des avantages, mais le point noir, c'est qu'un jour il mourra, inéluctablement, et que vous devrez alors en faire votre deuil. Peut-être pourrez-vous offrir une dernière demeure à votre animal domestique dans votre jardin ? En Belgique, cela dépend du règlement communal. Certaines communes le permettent, d'autres pas. N'hésitez pas à vous adresser à votre administration pour de plus amples informations. Dans tous les cas, vous ne pourrez pas enterrer votre chat dans votre jardin en cas de décès par maladie contagieuse. Il existe également des conditions liées à la composition du sous-sol. En guise d'alternative, vous pouvez emmener la dépouille à un centre d'incinération pour animaux. Vous pourrez ainsi conserver les cendres de votre chat dans une jolie urne ou même en faire faire un bijou.

UN CHAT QUI A DU STYLE

Vous connaissez Choupette, le petit chat favori de Karl Lagerfeld ? Le moins que l'on puisse dire, c'est que ce chat blanc est né avec une cuillère en argent dans la bouche. Du vivant du créateur, Choupette avait ainsi deux gouvernantes, trois millions de dollars sur un compte à son nom et une place lui était réservée dans le jet privé de Karl. L'animal a déjà posé aux côtés du top model Laetitia Casta, possède sa propre ligne de maquillage chez Shu Uemura et a sorti un livre dans lequel elle prodigue ses conseils lifestyle. En interviews, Karl Lagerfeld avait confié qu'il trouvait malheureux de ne pas pouvoir se marier avec un chat. « Je n'aurais jamais pensé que j'aurais pu être si amoureux d'un chat », précisa celui qui fut directeur artistique de Chanel.

QUELLE EST LA PERSONNALITÉ DE VOTRE CHAT ?

- **L'ours en peluche :** ne rate aucune séance de câlins et utilise la chaleur de votre ventre comme coussin.

- **Le top model :** prend immédiatement une pose séduisante dès qu'il aperçoit votre Smartphone. Est parfait sur chaque photo.

- **Le grincheux :** est souvent à prendre avec des pincettes.

- **L'effarouché :** est un peu timide, mais a un cœur en or.

- **Le chasseur :** vous récompense souvent d'un rat/d'un pigeon/d'une souris mort(e) (biffez la mention inutile) et oserait même affronter le chien du voisin. Est déjà revenu à la maison avec des égratignures inexplicables.

- **La sportive :** toujours hyperactive, trouvera de quoi s'amuser dans chaque cuisine, maison ou jardin.

- **La marmotte :** ok, les chats dorment en moyenne seize heures par jour, mais avec ce type de chats, estimez-vous déjà heureux si la marmotte daigne sortir de son hibernation.

- **Le glouton :** son ventre pend pratiquement jusqu'à terre et sa plus grande idole est Garfield, le chat joufflu.

JE DÉTESTE NOËL !

It's the most wonderful time of the year... Excepté pour les chats. Imaginez un peu : un sapin de Noël garni de boules toutes plus attrayantes et brillantes les unes que les autres, des guirlandes et des lumières... « Waouw, se dit votre chat, voici mon nouveau terrain de jeu. » Mais à chaque fois qu'il s'approche de l'objet convoité, son maître le rappelle à l'ordre. S'ensuit alors le flux permanent de visites qui accompagne les fêtes, ce qui ruine complètement le train-train quotidien de votre chat. Ajoutez-y quelques enfants en bas âge et la panique est totale ! Enfin, telle une poule sans tête, vous n'arrêtez pas de lui courir après afin de le prendre en photo à l'aide de votre Smartphone. Avouez qu'il vous en faudrait moins que cela pour ronchonner... Un petit conseil : aussi adorables soient les chats en costume de Noël, épargnez cette souffrance à votre compagnon. Laissez-le tranquillement s'assoupir sous le sapin. Achetez peut-être quelques boules qui résisteront à la casse et avec lesquelles il pourra jouer. *All I want for Christmas... is a happy cat.*

« UN MIAULEMENT MASSE LE COEUR. »

STUART MCMILLAN

« ON NE PEUT PAS CONTEMPLER
UN CHAT QUI DORT
ET RESTER TENDU. »

JANE PAULEY

THE FEAR FACTOR

Bien qu'ils se prennent parfois pour des tigres, nos petits compagnons ont le cœur sensible. L'angoisse est un sentiment que chaque chat éprouve. Ainsi, Marbles – que je ne qualifierais pas de « roi de la jungle », loin s'en faut – a peur de tout un tas de choses : les éternuements (même les débuts d'éternuements suffisent à le faire déguerpir), les aspirateurs, les balais, le chat du voisin, les mouches à fruits et même le polar... (Certes, les gens en polar peuvent faire peur, mais cela vaut-il une scène à tous les coups, Marbles ?) Et votre chat, de quoi a-t-il peur ?

QUEL ÂGE A VOTRE CHAT ?

Vous l'avez sans doute déjà entendu : pour connaître l'âge « humain » de votre chat, il suffirait de multiplier son nombre de mois ou d'années par sept. Ce calcul n'est cependant pas tout à fait juste. Ainsi, un chaton âgé d'un an peut déjà mettre bas, ce qui n'est (heureusement) pas le cas d'un enfant de sept ans. Calculez l'âge de votre chat grâce au tableau ci-contre. D'après le *Livre Guinness des records*, le chat le plus âgé au monde aurait vécu jusqu'à 38 ans et 3 jours, de 1967 à 2005. Je signe immédiatement pour mon Marbles !

PÉRIODE	ÂGE DU CHAT	ÂGE DE L'HOMME
Chaton	0 - 1 mois	0 - 6 mois
	2 - 3 mois	9 - 12 mois
	4 mois	2 - 3 ans
	6 mois	12 ans
Adolescent	7 mois	13 ans
	12 mois	15 ans
	18 mois	21 ans
	2 ans	24 ans
Adulte	3 ans	28 ans
	4 ans	32 ans
	5 ans	36 ans
	6 ans	40 ans
Âge mûr	7 ans	44 ans
	8 ans	48 ans
	9 ans	52 ans
	10 ans	56 ans
Senior	11 ans	60 ans
	12 ans	64 ans
	13 ans	68 ans
	14 ans	72 ans
Vieux	15 ans	76 ans
	16 ans	80 ans
	17 ans	84 ans
	18 ans	88 ans
	19 ans	92 ans
	20 ans	96 ans
	21 ans	100 ans

LE CHAT QUI PERMIT DE RÉSOUDRE UN CRIME

Canada, 1994. Le corps de Shirley Duguay, une jeune femme de 32 ans disparue depuis des mois, est retrouvé dans une tombe. Pour la police canadienne, cette découverte est une énigme. Son seul indice est une veste en cuir qui se trouvait également dans la tombe et sur laquelle les enquêteurs ont découvert un certain nombre de poils blancs. Étaient-ce les cheveux du meurtrier ? Pas du tout ! L'analyse ADN montra qu'ils appartenaient à un chat.

Douglas Beamish, l'ex-mari de Shirley, prétendit que sa femme l'avait quitté peu avant sa disparition et qu'il n'avait alors plus eu aucune nouvelle d'elle. Mais au cours de l'audition, les inspecteurs apprirent que Douglas avait un animal de compagnie : Snowball, un chat blanc. Les analyses ADN n'avaient beau être qu'à leurs balbutiements, il apparut clairement que les poils correspondaient à ceux de Snowball. Ce fut la première fois que l'ADN d'un animal de compagnie fut utilisé en tant que preuve auprès du tribunal. Sans aucune preuve directe, Beamish fut condamné à la perpétuité pour le meurtre de sa femme. Il avait été trahi par son chat.

LISTE DE VACCINS

En Belgique, seul un chat sur trois va régulièrement chez le vétérinaire. C'est peu, évidemment. Même un chat apparemment en bonne santé peut souffrir de quelques maux qui peuvent empirer s'ils ne sont pas détectés à temps. Un contrôle annuel est donc plus que conseillé. Si vous souhaitez être absolument certain que tout va bien, n'hésitez pas à rendre visite à votre vétérinaire deux fois par an.

Recensez ci-dessous les visites de votre chat chez le vétérinaire en notant également les vaccins qu'il a reçus.

Mon vétérinaire habituel est ____________________

Numéro de téléphone : ____________________

Date de la visite : ____________________

Poids : ____________________

Vaccins : ____________________

Remarques particulières : ____________________

____

Mon vétérinaire habituel est ____________________

Numéro de téléphone : ____________________

Date de la visite : ____________________

Poids : ____________________

Vaccins : ____________________

Remarques particulières : ____________________

____

Mon vétérinaire habituel est ____________________

Numéro de téléphone : ____________________

Date de la visite : ____________________

Poids : ____________________

Vaccins : ____________________

Remarques particulières : ____________________

____

Mon vétérinaire habituel est

Numéro de téléphone :

Date de la visite :

Poids :

Vaccins :

Remarques particulières :

Mon vétérinaire habituel est

Numéro de téléphone :

Date de la visite :

Poids :

Vaccins :

Remarques particulières :

DIY : UNE MAISON POUR MON CHAT

Défi du jour : réaliser une petite maison personnalisée pour votre chat. Matériel nécessaire : du scotch, deux grandes boîtes en carton, un cutter, de la peinture, du papier de couleur, éventuellement quelques décorations (des paillettes, des guirlandes, des photos...).

BOÎTE N° 1

- Scotchez solidement l'arrière de la boîte (elle doit rester fermée).
- Éliminez les deux rabats sur les côtés à l'aide du cutter.
- Découpez un triangle dans les deux autres rabats pour former le toit.
- Découpez une grande porte à l'avant (c'est par là que votre chat entrera) ; formez deux battants qui pourront s'ouvrir et se fermer.
- Découpez une fenêtre sur le côté.
- Vous pouvez également ajouter une petite fenêtre décorative sur le toit avant.

BOÎTE N° 2

- Elle vous sera utile uniquement pour fabriquer le toit. Pour ce faire, dépliez entièrement la boîte et découpez-y deux rectangles de taille identique que vous scotcherez ensemble. Et voilà, le toit est fait !
- Placez le toit sur la maison et fixez le tout solidement.

Vous pouvez maintenant peindre votre maison et découpez des tuiles dans le papier coloré pour garnir le toit. Les paresseuses peuvent également se contenter de peindre le toit.

Pour une petite touche de folie en plus, vous pouvez décorer la maison d'une photo de vous et de votre chat, de paillettes, de guirlandes ou encore de plumes. *The sky is the limit* !

La maison est prête ! Votre chat a une couverture préférée ? N'hésitez pas à la déposer dans la maison. L'objectif est qu'il s'y sente bien.

JOYEUX ANNIVERSAIRE !

Voici enfin arrivé le plus beau jour de l'année, celui de l'anniversaire de votre chat ! Cela vaut bien un délicieux pâté pour marquer le coup et changer des croquettes habituelles, non ? Décorez la maison de guirlandes, offrez un nouveau jouet à votre boule de poils et fabriquez-lui une couronne (ben oui, pourquoi pas ?).

« UN CHAT VIENDRA SI VOUS L'APPELEZ ET S'IL N'A RIEN DE MIEUX À FAIRE. »

ALFRED ADLER

MIROIR, MON BEAU MIROIR

Que voit le chat quand il se regarde dans le miroir ? Comprend-il qu'il s'agit de lui-même ou pense-t-il avoir à faire à un petit camarade, voire à tout autre chose ? La science s'est penchée sur la question. En réalité, peu d'animaux ont conscience qu'il s'agit de leur propre reflet qu'ils aperçoivent dans le miroir. C'est le cas des chats (mais des chiens aussi, on vous rassure), contrairement aux chimpanzés, aux dauphins et aux éléphants. Pour être capable de se reconnaître, il faut disposer d'un certain degré de conscience, que les chats n'ont pas (ou peu). Faites le test : posez discrètement un autocollant sur la tête de votre chat (on vous souhaite bonne chance !) et placez-le devant un miroir. Saisissez-le par la tête, puis attendez qu'il se regarde dans le miroir. À moins que vous soyez tombé sur un petit Einstein, les chances qu'il se reconnaisse sont réellement infimes. Sa réaction sera sans doute tout d'abord d'essayer de jouer avec cet « autre chat », mais il abandonnera rapidement car tout ce que cet énergumène est capable de faire, c'est de l'imiter. Il est impossible à atteindre et, en plus, il ne sent rien ! Ce qui nous amène donc à la conclusion qu'il ne considérera pas non plus réellement son reflet comme un « autre chat ».

LES BARS À CHATS LES PLUS SYMPAS

Foi de « crazy cat lady », il n'existe pas meilleur endroit où siroter un chai latte qu'un bar à chats. Le premier du genre a ouvert ses portes à Taïwan en 1998, mais c'est au Japon que le phénomène prit réellement son ampleur. Les Japonais vivent souvent dans de tous petits appartements où il n'y a pas de place pour les animaux domestiques. Les bars à chats ont été conçus pour que les amoureux de la race féline puissent jouer avec leurs animaux préférés, et les câliner. En fait, c'est un peu comme si vous « louiez » un chat quand vous vous rendez dans un bar à chats, un concept que l'on retrouve aujourd'hui dans chaque grande ville qui se respecte. Attention, il est toujours plus prudent de réserver !

1 **Bruxelles, Le New Chattouille** (11, rue Tasson-Snel)
Le New Chattouille est le tout premier bar à chats à avoir ouvert ses portes en Belgique. Dans une ambiance cosy et chat-leureuse, il compte une vingtaine de places et propose des chats à l'adoption.

2 **Gand, Dreamcatchers** (17, Schepenhuisstraat)
Une chose est sûre : les propriétaires du Dreamcatchers ont déjà leur place au paradis. Tous les chats qui y gambadent proviennent d'un refuge et sont proposés à l'adoption. Dans le souci de privilégier leur bien-être, ils sont également suivis par un spécialiste du comportement des chats.

3 **Lille, Au Chat Voir Vivre** (158, rue Léon Gambetta)
Au menu du Chat Voir Vivre : ronronthérapie et pâtisseries maison.

4 **Paris, Le Café des Chats** (9, rue Sedaine)
Dans ce restaurant qui fait aussi salon de thé, une douzaine de chats vivent en liberté. Petit plus du lieu : tous les plats et desserts sont faits maison.

5 **Amsterdam, Kattencafé Kopjes** (211, Marco Polostraat)
Le lieu est un peu excentré, mais cela ne suffira pas à rebuter une vraie « crazy cat lady ». Les chats proviennent d'un refuge, mais ne sont pas proposés à l'adoption.

6 **Londres, Lady Dinah's Cat Emporium** (152-154, Bethnal Green Road)
Venez siroter votre « *high tea* » et déguster une pâtisserie typiquement britannique dans un décor digne d'*Alice au pays des merveilles*, le tout entouré de chats. Attention : pensez à réserver car le café affiche complet longtemps à l'avance ! Quant aux enfants, ils ne sont pas admis.

7 **Saint-Pétersbourg, Cats Republic** (10, Yabukovicha Street)
Le Cats Republic est le tout premier bar à chats d'Europe et il vaut largement le déplacement. Comme dans une « vraie » république, vous devez acheter un visa pour y accéder et vous ne pouvez pas y entrer avant d'avoir miaulé trois fois (on ne plaisante pas...).

8 **Japon, Cat Cafe Mocha** (différentes villes)
Une chaîne de bars à chats connue pour son design particulièrement instagrammable !

Avez-vous découvert un chouette bar à chats durant l'une de vos escapades ? Ou avez-vous prévu d'en visiter sous peu ? Complétez notre liste selon vos envies !

« UN TEST DE PATERNITÉ S'IL VOUS PLAÎT ! »

Saviez-vous que les chatons d'une même portée pouvaient être de pères différents ? Chez les chattes, la période de chaleur dure environ une semaine, un laps de temps durant lequel elles peuvent être fécondées plusieurs fois, parfois même par des mâles différents. Une portée compte environ trois à cinq chatons, mais il se peut aussi qu'il n'y en ait qu'un ou que ce chiffre grimpe jusqu'à neuf.

DITES-LE AVEC LA QUEUE

Pour connaître l'état d'esprit de votre chat, rien de tel que d'observer sa queue. Voici un petit florilège des émotions qu'elle exprime.

- Queue dressée : « Salut à toi. Je suis de bonne humeur aujourd'hui. »

- Queue arrondie en point d'interrogation : « Hé ! Je te trouve sympa tu sais ! »

- Queue dressée et frémissante : « Je suis super content de te voir ! »

Queue qui s'agite sur le sol : « Laisse-moi tranquille ou tu en subiras les conséquences ! »

Queue gonflée et enroulée sous les pattes arrière : « J'ai peur. »

Queue gonflée, dressée et agitée : « Voilà, maintenant, je suis énervé ! J'espère que tu as fait tes prières… »

Queue repliée sur le côté : « Je suis timide (ou en chaleur). »

TINDER ET LES CHATS

Savez-vous que les hommes qui posent avec leur chat sur leur profil Tinder ont plus de chance de matcher que les autres ? (Aucun effet similaire n'a malheureusement été observé chez les femmes.) Si je devais créer un profil Tinder pour mon Marbles, avec quelle photo tenterait-il de convaincre la gent féminine et quels sont les éléments qui figureraient sur son profil ?
Je pencherais plutôt pour une photo rigolote : les yeux écarquillés et une légère impression d'impuissance sur le visage, par exemple. Une petite goutte de lait (volée dans mes cornflakes) pendrait probablement de son menton. Sous la photo, on pourrait lire : « Aime miauler sans but à 6 h du matin. Déteste le polar. Pas d'aventure sérieuse. »

À quoi ressemblerait le profil Tinder de votre « chatanova » ?

MARBLES, 6
AIME MIAULER SANS BUT À 6 H DU MATIN
DÉTESTE LE POLAR
LUIGI
N'EST PAS TOUJOURS À PRENDRE AVEC DES PINCETTES.

« J'AIMERAIS POUVOIR ÉCRIRE DE FAÇON AUSSI MYSTÉRIEUSE QUE LE CHAT. »

EDGAR ALLAN POE

« THE CRAZIEST CRAZY CAT LADY »...

Lynea Lattanzio : ce nom ne vous dit peut-être rien, mais cette dame mérite certainement le titre de « Craziest crazy cat lady ». Cette Américaine partage en effet son domaine californien avec ses 1100 chats. Non, aucune faute de frappe, c'est bien mille cent chats ! Tout commence en 1992 lorsque le père de Lynea lui demande de l'aider à trouver un nouveau chat. Lynea revient alors à la maison avec une quinzaine de chatons. C'est le déclencheur et le nombre de chats qu'elle ramène ne cesse plus d'augmenter. Afin de diminuer les coûts que cela engendre, elle décide d'entamer des études de vétérinaire. Elle vend sa voiture et son alliance, puise également dans sa pension afin de pouvoir continuer à soigner les chats. Sa villa constitue aujourd'hui une sorte de refuge où la moitié des chats peuvent être adoptés. Lynea, quant à elle, vit dans une caravane installée sur son domaine car il n'y a tout simplement plus de place dans les cinq chambres de sa demeure. « J'ai certainement vécu avec 28 000 chats différents au cours de ma vie », précise-t-elle. « Ça ne serait pas un record ? » Si Lynea, ça y ressemble...

ON FAIT DES BULLES ?

Avoir un chat comme animal de compagnie, c'est l'excuse idéale pour réveiller l'enfant qui sommeille en vous. Pourquoi ne pas vous amuser à faire des bulles ? Sensations garanties pour votre chat ! Vous avez peur qu'il s'empoisonne ? Ne vous faites pas de souci ! Si ce jeu convient aux enfants en bas âge, votre petit tigre à quatre pattes survivra lui aussi à l'invasion de bulles. Pour plus de sécurité, vous pouvez lui essuyer la fourrure et les pattes après avoir joué afin d'éliminer toute trace de savon. Pas encore convaincue ? Il existe des jeux de bulles sans savon spécialement conçus pour les chats ; vous les trouverez sur Internet. Certains ont même pensé à créer des bulles « saveur viande » ou « menthe à chat », comme si cela ne suffisait pas... De quoi redoubler de plaisir !

UN CHAT RÉFLÉCHISSANT

Les yeux du chat – cette petite lumière qui semble briller dans le noir – contribuent certainement à son image mystérieuse. En réalité, cela est dû à la couche réfléchissante que l'on trouve derrière leur rétine, le *tapetum lucidum*, et qui leur permet de mieux voir dans l'obscurité. Leurs yeux n'émettent donc pas réellement de lumière, mais ils la réfléchissent. Par ailleurs, si les chats voient mieux que nous dans la pénombre, ils n'y distinguent guère plus dans le noir le plus complet. Un rai de lumière – aussi infime soit-il – leur sera toujours nécessaire.

DES LOOKS DIFFÉRENTS

Il existe actuellement des chats de toutes les couleurs et de toutes les tailles. Outre les « chats de gouttière », il y a aussi les chats de race comme le british shorthair, le persan, le ragdoll, le maine coon, le sphynx ou l'abyssin... Chacun a d'ailleurs son propre caractère et son apparence typique. Mais cette diversité n'a pas toujours existé. Au Moyen-Orient, comme en Égypte ancienne, le physique du chat n'avait pas grande importance. Le chat sauvage d'Afrique a donc simplement conservé son apparence grisâtre et, disons-le, un peu tristounette... Il fallut attendre plusieurs siècles (et une intervention humaine) avant que les robes « écaille de tortue » fassent leur apparition. La popularité du chat à pattes blanches auprès des hommes ne cessa d'augmenter, alors même qu'il n'avait aucun avantage supplémentaire à l'état sauvage. Le « vrai » chat de race fit son apparition à l'époque victorienne lorsque les Britanniques intensifièrent leurs recherches en vue de créer le chat parfait. Le premier concours de beauté pour chats eut également lieu au Royaume-Uni, en 1871. Chères « crazy cat ladies », voici le conseil que je vous donnerais : aussi mignon soit-il, ne choisissez jamais votre chat sur son apparence. Choisissez-le en fonction de votre mode et de votre lieu de vie. Pensez aussi toujours à vérifier si le refuge le plus proche de chez vous n'a pas le compagnon qu'il vous faut. Et n'oubliez pas : « *Adopt, don't shop* ! »

MON CHAT NE VOIT PLUS D'UN OEIL...
MON CHAT A UNE OREILLE DE TRAVERS
MON CHAT RESSEMBLE À UN GREMLIN
MON CHAT EST LE PLUS BEAU CHAT DU MONDE !

LE SIXIÈME SENS

Les chats sont capables d'identifier plus de 85 millions d'odeurs différentes, non seulement grâce à leur nez, mais aussi à leur organe de Jacobson (ou organe voméro-nasal). Ce dernier se situe dans leur palais, juste derrière leurs dents, et leur permet de « sentir » les odeurs des autres chats. Afin de le faire fonctionner, les chats doivent ouvrir largement la gueule, une attitude que l'on appelle « *flehmen* » (ou « muser » en français).

QUAND L'AUSTRALIE S'ATTAQUE AUX CHATS

En Australie, le chat n'est pas une espèce indigène, il a été importé par les colons en tant qu'animal domestique il y a de cela deux siècles. Selon les estimations, le pays compterait aujourd'hui environ 20 millions de chats sauvages à qui les autorités ont décidé de déclarer la guerre. Chaque année, ce sont en effet 650 millions de lézards et de serpents qui succombent aux attaques de ces chats, sans compter les oiseaux obligés de rester sur leur garde. Selon les experts, depuis que les chats ont posé leurs pattes en Australie, ils ont déjà exterminé 28 espèces menacées. Afin d'éradiquer un minimum de deux millions de chats sauvages, les autorités ont mis 1,7 milliard de dollars sur la table. En avril 2018, elles ont également inauguré la plus longue clôture « anti-chats » au monde. S'étendant sur 44 km, cette clôture électrique protège un territoire de 9 300 ha dans la réserve de Newhaven. À terme, d'autres zones « anti-chats » devraient voir le jour. Enfin, les autorités ont demandé aux propriétaires de chats de garder leurs animaux à l'intérieur.

« LE CHAT EST LE SEUL
ANIMAL À QUATRE PATTES
QUI A SU CONVAINCRE L'HOMME
DE LE MAINTENIR SANS DEVOIR
Y CONTRIBUER. »

KURT TUCHOLSKY

LES CHATS SUR INSTAGRAM

Toute « crazy cat lady » qui se respecte suit plusieurs chats sur Instagram. Suivez-vous déjà ceux-ci ?

- @realgrumpycat ♥ le pape de tous les chats sur Internet
- @snoopybabe ♥ selon mon Marbles, cet exotic shorthair est la créature la plus mignonne au monde
- @iamlilbub ♥ malgré un physique ingrat, cette petite chatte a ravi tous les cœurs
- @bengalthor ♥ Thor, un bengal, est le tout premier *catfluencer* belge

Quels sont vos préférés ?

FREDDIE MERCURY : UN CÉLÈBRE «HOMME À CHATS»

Freddie Mercury, le célèbre *frontman* de Queen, admirait beaucoup les chats. Il vivait entouré de six chats et a même dédié une chanson à sa chatte préférée : Delilah. Lorsqu'il était en tournée avec Queen, il insistait pour pouvoir parler avec ses chats de temps à autre. Dans «These Are The Days Of Our Lives», le tout dernier clip qu'il a enregistré avant sa mort prématurée, en 1991, il porte même un gilet à l'effigie de ses chats. De quoi vous inspirer pour votre prochaine soirée ?

DES SOURIS DINGUES DE CHATS

La toxoplasmose (ou « maladie du chat ») est une infection qui peut être dangereuse pour les femmes enceintes, mais qui peut aussi rendre les souris totalement folles. Ainsi, une souris infectée peut devenir complètement obsédée par les chats, au point de vouloir se rapprocher à tout prix de cet animal qu'elle considère pourtant normalement comme un ennemi. Cet amour soudain pour le chat, la souris le paiera souvent de sa vie, ce qui démontre toute l'intelligence du parasite responsable de la toxoplasmose qui pourra ainsi s'implanter dans le chat ! Ce parasite, appelé *toxoplasma gondii*, a également des effets sur l'homme : il semblerait que les personnes infectées par la toxoplasmose soient plus favorables à la prise de risque et donc plus enclines à créer une société ou à adopter des comportements dangereux (conduite imprudente ou prise de drogues par exemple). On peut attraper la maladie en changeant la litière du chat ou en mangeant de la viande trop peu cuite.

MES PLUS BEAUX SOUVENIRS DE ______

La toute première rencontre. La fois où il a posé sa patte sur votre épaule pour vous réconforter lors d'un chagrin d'amour. Ou celle où vous avez éclaté de rire en admirant ses cabrioles pour attraper un papillon entré dans votre chambre. Quels sont vos plus beaux souvenirs avec votre chat ?

LES CHATS SONT-ILS CAPABLES DE DÉTECTER LE CHAGRIN ?

Après une journée difficile, vous avez peut-être déjà observé que votre chat venait vous réconforter en s'enroulant autour de vous. Les scientifiques n'ont pas encore tout à fait percé cet étrange comportement. À l'heure actuelle, il est donc impossible de savoir si les chats « ressentent » le chagrin. Certaines études montrent néanmoins qu'ils sont capables de « lire » des émotions humaines. Des chercheurs de l'université d'Oakland (Michigan) ont ainsi découvert que les chats pouvaient interpréter les expressions de notre visage et adapter leur comportement en fonction de celles-ci. Attention, cela ne veut pas dire qu'ils partagent pour autant votre chagrin. Au contraire, ils se précipiteront plus volontiers vers vous si vous souriez ou montrez de l'enthousiasme. S'ils vous voient froncer les sourcils ou tirer la tête, ils attendront de voir comment les choses évoluent. Un maître enjoué est plus enclin à jouer ou à montrer de la générosité (miam, des bonbons !), c'est ce qui pourrait expliquer ce comportement.

STICKY KITTY

À Bruxelles, comme en Flandre, il est désormais possible d'indiquer aux pompiers que vous avez des animaux de compagnie à l'aide d'autocollants à poser sur vos fenêtres. « C'est un petit autocollant rond où l'on peut lire "pompiers, sauvez aussi nos animaux". Il faut alors cocher "chat, chien, oiseau ou autre" et il se colle facilement sur la vitre », explique Bianca Debaets, secrétaire d'État bruxelloise au bien-être animal. À noter qu'un tel dispositif existe aussi en Wallonie (avec l'autocollant « Service de secours, sauvez aussi nos animaux »), mais que ce procédé ne semble pas encore avoir conquis la France.

« IL Y A DEUX MOYENS D'OUBLIER
LES TRACAS DE LA VIE :
LA MUSIQUE ET LES CHATS. »

ALBERT SCHWEITZER

LÉCHI-LÉCHOUILLES

Chez moi, c'est systématique, tous les soirs Marbles vient me lécher le bout du nez. Ça vous rappelle quelque chose ? En agissant de la sorte, les chats veulent en réalité vous indiquer que vous faites partie de leur famille. C'est donc un geste d'affection qu'ils ne font qu'avec ceux qui leur sont proches. Cette attitude a mené une « crazy cat lady » à créer un accessoire pour le moins « crazy » lui aussi : la Licki Brush, un embout buccal en forme de langue de chat assez étrange et grâce auquel vous pourrez lécher votre petit compagnon à poils... Difficile de savoir si les chats trouvent ça agréable à vrai dire... On a longtemps pensé qu'il s'agissait d'un hoax, mais la Licki Brush est bel et bien en vente sur Amazon et fera sans doute un cadeau idéal pour une amie qui partage votre amour inconditionnel pour les chats.

Mais il y a encore plus étrange : à Détroit, aux États-Unis, une femme est totalement accro au « léchage de chat », avec sa propre langue... Elle aurait déjà avalé plus de 3 200 boules de poils et, selon les médecins, se balade constamment avec une grosse touffe de poils dans son estomac.

DROITIER OU GAUCHER ?

Sur ce point-là, les chats ne diffèrent pas des hommes : il existe des chats droitiers et des chats gauchers. Les mâles ont une préférence pour la gauche, tandis que les femelles choisiront plutôt la droite. Cette préférence, vous pourrez l'observer en demandant à votre chat d'accomplir un exercice compliqué. Envie de faire le test ? Placez un bonbon dans un verre et regardez avec quelle patte votre petit dévoreur de friandises essaiera de l'enlever.

JOTIE T'HOOFT : UN CÉLÈBRE « HOMME À CHATS »

Les écrivains du Nord ne dérogent pas à la règle et aiment, eux aussi, s'entourer de chat. Le poète Jotie T'Hooft, par exemple, trop tôt disparu, a beaucoup écrit sur la solitude, la tristesse et la mort. Ses trois chats, baptisés Tao, Dieu et Œdipe, lui procurèrent néanmoins du réconfort.

NEUF VIES

Les chats, des animaux plutôt coriaces, ont un instinct de survie particulièrement développé. Quant à la légende selon laquelle ils auraient neuf vies, il y a de fortes chances qu'elle provienne de cette impressionnante capacité qu'ils ont à survivre aux dégringolades. Les chats sont dotés d'un squelette très flexible et d'une très bonne oreille interne. Lors d'une chute, grâce à leurs articulations, leurs genoux absorberont une grande partie du choc et ils s'en sortiront souvent indemnes. N'oubliez pas que le chat retombe toujours sur ses pattes ! Étrangement, plus le chat tombera de haut, plus il aura de chances de survivre : il peut en effet rapidement se retourner en tombant et donc, plus il aura le temps de le faire, plus il pourra ajuster sa position pour retrouver la terre ferme. Mieux vaut donc qu'il tombe du huitième étage que du troisième... Ceci dit, ne tentez pas l'expérience : dégringoler du canapé, c'est déjà bien assez !

SOS MATOU

Tous les chats n'ont pas la chance de votre petit protégé. Les refuges sont encore submergés de chats abandonnés ou de chatons laissés à leur triste sort. Si vous le pouvez, n'hésitez donc pas à soutenir le refuge le plus proche de votre domicile, en lui versant de l'argent, en lui faisant don de nourriture, de jeux ou de griffoirs, ou encore en devenant marraine d'un animal. Naturellement, le mieux est toujours d'adopter un chat dans un refuge.

#CATS #CATLOVER #CATSOFINSTAGRAM #CRAZYCATLADY #CUTECATS

Ça y est, vous venez de rejoindre le côté obscur en créant un compte Instagram pour votre chat. Mais comment transformer votre Minou en véritable célébrité ? La route sera longue et il vous faudra aussi un brin de chance, mais ces quelques conseils devraient néanmoins vous aider.

- Postez régulièrement. Plus vous alimenterez le profil, plus vous fidéliserez de *followers* et attirerez les algorithmes d'Instagram.
- Pour attirer de nouveaux *followers*, n'hésitez pas à user et abuser de *hashtags*. Vous pouvez en utiliser trente au maximum. Que pensez-vous de #cats #catlover #catsofinstagram #crazycatlady #cutecats (et je peux continuer si vous voulez…) ?
- Suivez les comptes d'autres chats et construisez-vous votre propre réseau de « crazy cat ladies ».
- Si tout commence naturellement par une bonne photo et une belle histoire, n'oubliez pas non plus de soigner vos « citations ». Soyez originale et drôle, les *likes* ne devraient pas tarder à affluer !
- Identifiez ce qui rend votre chat unique et focalisez-vous sur ce trait de caractère. N'ayez pas peur d'être imaginative !
- Construisez votre récit et dévoilez quelques éléments de la vie de votre chat dans sa biographie (son traumatisme de jeunesse par exemple). Qu'est-ce qui le rend différent des autres ? Vous devez convaincre les autres « crazy cat ladies » du potentiel de votre chat !
- Soyez cohérente : utilisez toujours les mêmes couleurs, les mêmes filtres et le même cadrage. C'est ce qui rendra votre compte unique.
- Soignez vos Stories. Ne vous contentez pas de poster des photos, mais alimentez aussi votre Story en la mettant régulièrement à jour.
- N'oubliez pas d'y prendre du plaisir ; ne prenez pas les choses trop sérieusement.

COMMENT FAIRE LE BUZZ SUR INSTAGRAM ?

UNE JOLIE PHOTO DE VOTRE REPAS :

♡ 23

UN SELFIE SEXY :

♡ 85

UN CLICHÉ DE VACANCES :

♡ 67

UNE PHOTO DE VOTRE CHAT COSTUMÉ :

♡ 31 824

TÊTE-À-TÊTE

Moyen de communication par excellence, les odeurs sont très importantes pour un chat. Si vous le voyez effleurer vos meubles, vos portes et vos chaises, c'est donc pour marquer son territoire, cette zone qui lui appartient et dans laquelle il se sent en sécurité. Quand votre chat vous donne un coup de tête (qui peut être tout doux ou bien plus violent), c'est toujours en signe d'amitié. Par ce geste, qui est une manière de vous saluer, l'animal imprime aussi une odeur en guise de geste social. Certains chats ont recours à ce comportement pour attirer l'attention, souvent parce qu'ils se sont rendu compte que cela suscitait l'enthousiasme de leur maître.

« SI JE TE DONNE UN COUP DE TÊTE, C'EST PARCE QUE JE T'AIME »

ODE À VOTRE CHAT

J'espère avoir réussi à renforcer votre amour pour les chats grâce à ce livre. Je vous invite maintenant à prendre une dernière fois la plume pour composer une ode à votre fidèle compagnon. Vous avez carte blanche : vous pouvez écrire, dessiner, voire réaliser un collage si vous le souhaitez. Il n'y aura jamais assez d'amour pour les chats sur cette planète ! N'ayons pas honte de les aimer. Le monde nous appartient, chères « crazy cat ladies » !

LES AUTEURES

ELKE

PARCOURS D'UNE « CRAZY CAT LADY »

La première fois que je suis partie en camp avec les filles du mouvement de jeunesse de notre paroisse, j'avais 10 ans. Je ne me rappelle pas de grand-chose, si ce n'est que ça s'était terminé dans les larmes. Je ne pleurais pas parce que mes amies allaient me manquer, mais bien parce que j'avais croisé la route d'un petit chat roux et blanc et qu'une amitié « pour toujours » s'était instantanément nouée entre nous ; je l'avais même amadoué afin qu'il me suive jusqu'au camp.

Lorsque mes parents vinrent me chercher, j'espérais pouvoir ramener le petit chat à la maison. Mais naturellement, les choses ne se passèrent pas comme prévu : non seulement il avait déjà un maître, mais en plus me parents ne voyaient pas son arrivée d'un bon œil. Enfant, je n'ai jamais beaucoup pleuré, mais je me souviens encore parfaitement de toutes les larmes qui coulèrent sur mes joues ce jour-là afin de montrer l'intensité de ma peine. Durant tout le trajet qui me ramena à la maison (soit une centaine de kilomètres), je ne cessai de pleurnicher, de geindre et de me lamenter : « Je veux Minnie... » Ma colère persista quelques semaines durant lesquelles je dédiai de nombreux dessins à ma nouvelle amie en signe de protestation. Mais mes parents ne cédèrent pas.

Dix ans plus tard : je suis en kot et mes parents reçoivent un appel agacé de ma propriétaire. Elle leur apprend que leur fille élève deux chats dans son kot, ce qui est formellement interdit par le règlement. De manière amicale, mais néanmoins déterminée, elle m'invite à trouver un autre logement pour la prochaine année académique.

Toute cette agitation m'échappait... Certes, j'avais parfois donné à manger au chat de la voisine, et celui-ci s'était de temps en temps incrusté pour dormir. Quant au chat de gouttière dont je m'étais occupée, je l'avais même vermifugé et traité contre les puces ; je le tenais en outre fermement à l'œil... Qui pouvait bien s'en plaindre ? Je n'eus d'autre choix que de quitter mon kot. Lorsque je rendis les clés, mon père me permit de dire adieu à Robot et à Minnie (oui, Minnie, comme le petit chat que j'avais rencontré au camp). Ils m'attendaient tous les deux assis contre le mur, comme s'ils avaient compris que nous allions être séparés pour toujours. La voisine me promit heureusement de prendre soin d'eux.

Autre bond dans le futur : me voici enfin adulte. Je peux désormais posséder mon propre chat ! Marbles fait son entrée dans ma vie. Il est issu d'un croisement entre un british shorthair et un persan. Je vous le concède, c'est un chat de race, ce qui n'est pas très raccord avec la philosophie « *Adopt, don't shop* » dont je vous ai parlé dans ce livre. Mais je voulais un chat d'intérieur car je savais que mon petit cœur ne supporterait pas de le voir se faire écraser. J'avais déjà accueilli Eddy, le british shorthair d'une amie qui était partie étudier en Chine durant un an et demi, et j'étais tombée amoureuse de son caractère à la fois calme et dévoué. Je n'hésitai donc pas longtemps avant d'opter pour cette race. Je n'optai pas pour un chaton, mais pour un chat adulte qui, pour différentes raisons, devait trouver une nouvelle maison. Et je fis la connaissance de Marbles, un chat d'un an et demi qui se laissait parfois intimider par les autres chats dans la pension où il vivait. De manière plutôt maladroite, il ne trouvait alors rien de mieux à faire que de taper sur leur tête avec sa patte, ce qui ne le rendait pas très populaire. À regret, son maître cherchait donc à le confier à une nouvelle famille où il pourrait laisser de côté ses angoisses et son agressivité.

Je suis aujourd'hui incapable d'imaginer ce que serait ma vie sans Marbles. Nous partageons tellement de choses ensemble : des discussions, des câlins, des séances de danse... Dans les moments difficiles, il m'aide à relativiser la situation. Mon côté nonchalant s'est peu à peu estompé, car un animal de compagnie vous oblige à adopter une certaine discipline et à tenir un planning.

LAURA

lucpire
éditions

Éditions Luc Pire [Renaissance SA]
Avenue du Château Jaco, 1 – 1410 Waterloo
Éditions Luc Pire
www.editionslucpire.be

Crazy Cat Lady Book
Elke Van Huffel et Niet Nu Laura
Illustrations (intérieur et couverture) : Niet Nu Laura
Maquette : Keppie & Keppie
Mise en pages : Josiane Dostie
Adaptation française : Neereas (neereas@gmail.com)
Imprimé dans l'Union européenne

ISBN : 978-2-875-42181-4
Dépôt légal : D/2019/12.379/03

Version originale : Crazy Cat Lady-Boek